비즈니스
한국어 입문

비즈니스 한국어 입문

| 김재욱 · 진정란 · 안정민 · 정회란 |

HU:iNE

BUSINESS KOREAN

Published in Republic of Korea by HUINE, an imprint of Hankuk University of Foreign Studies University Knowledge Press, Seoul.

http://press.hufs.ac.kr

머리말

한국 기업의 해외 진출이 확대되고 한국 상품에 대한 세계인들의 관심이 점점 높아지고 있다. 이에 따라 해외에 진출한 한국 기업과 한국어 학습자들의 비즈니스 한국어에 대한 요구도 증가하고 한국어 학습자들을 대상으로 하는 비즈니스 한국어 교재에 대한 필요성이 대두되고 있다. 이러한 해외 비즈니스 현장에서의 요구를 반영하여 한국어 교육에 대한 전문적인 이론과 경험을 갖춘 한국외국어대학교 및 사이버한국외국어대학교의 한국어 교육 전공 교수와 선생님들이 뜻을 모아 '비즈니스 한국어'를 출판하였다.

특히 이번에 집필한 '비즈니스 한국어'는 한국과 비즈니스 측면에서 매우 밀접한 관계에 있는 베트남에서 공부하는 한국어 학습자들을 대상으로 한 것으로, 현재 베트남에서 근무하고 있는 기업의 근로자들이 한국어를 습득하여 비즈니스 환경에서 한국어를 구사하기 위한 목적으로 개발되었다. 베트남에 진출한 한국 기업의 현장에서 한국어로 의사소통해야 하는 상황이 증가함에 따라 비즈니스 한국어에 대한 관심도 높아지고 있어 이를 위한 단계별 한국어 교재를 집필하게 된 것은 매우 의미 있는 일이라고 할 수 있다.

'비즈니스 한국어'는 베트남 비즈니스 학습자를 위한 한국어 교재로, 주 교재와 활용 교재로 구분된다. 주 교재와 활용 교재는 각 과마다 같은 주제의 내용으로 구성되어 있으며, 두 교재를 함께 학습한다면 학습 목표를 이루는 데에 큰 효과를 거둘 수 있을 것이다.

주 교재에서는 어휘와 문형, 대화 등의 집중 학습을 통해 한국어의 입력에 중점을 두었다. 이를 위해 다양한 비즈니스 특징을 살린 어휘와 문형을 배열하여 기업 현장에서 활용할 수 있는 실제적인 내용들로 구성하였다. 활용 교재에서는 주 교재에서 습득한 어휘와 문형을 활용하여 비즈니스 현장에서의 말하기, 듣기, 읽기, 쓰기를 학습할 수 있도록 구성하였으며 한국어 능력에 따라 필요한 여러 가지 유형의 비즈니스 의사소통 기능을 집중적으로 향상시키는 것에 초점을 맞추어 개발하였다.

또 '비즈니스 한국어'의 대화는 그 속에 등장하는 각 인물들이 한국 기업에 입사해서 생활하는 스토리로 이루어져 있어 비즈니스 한국어 학습자의 학습 동기 유발을 위한 흥미 요소로서의 작용뿐만 아니라 실제 한국 회사 생활에 적응하는 데에도 도움이 될 수 있어 비즈니스 한국어 교육 현장에서 높은 활용도를 보일 것으로 기대한다.

끝으로 많은 수고와 노력을 기울여 완성도 높은 교재를 개발한 사이버한국외국어대학교 한국어학부 진정란 교수님, 박기선 교수님, 노채환 교수님, 한국외국어대학교 KFL대학원 안정민 교수님, 송은정 선생님, 정회란 선생님에게 고마움을 전한다. 그리고 이 교재가 출판되기까지 여러모로 애써주신 한국외국어대학교 지식출판콘텐츠원 관계자 분들과 여러 분들에게도 다시 한번 깊은 감사를 드린다.

한국외국어대학교 KFL대학원장

김재욱

일러두기

'비즈니스 한국어'는 베트남에 진출한 한국 기업에서 근무하거나 근무하고자 하는 한국어 학습자의 비즈니스 한국어 의사소통 능력 신장을 위한 실제적인 교재로 개발되었습니다.

집필 방향

- 본 교재는 비즈니스 한국어 '입문', '초급', '중급' 단계로 개발되었으며, 각 단계별 교재는 주 교재와 활용 교재 두 권으로 분리하였습니다.

- 주 교재는 정확성 향상을 위한 한국어 어휘 및 문법 등 한국어 지식에 대한 학습이 주를 이루며 비즈니스 현장의 상황으로 이루어진 대화문을 통해 내용, 주요 표현·발음 등을 이해하는 데에 초점을 맞추어 집필하였습니다.

- 활용 교재는 주 교재에서 배운 내용을 바탕으로 실제 비즈니스 한국어 환경에서 활용할 수 있는 사용 단계로, 비즈니스 현장에서 요구되는 말하기, 듣기, 읽기, 쓰기의 능력을 고루 향상시킬 수 있도록 집필되었습니다.

- 주 교재의 문법 및 표현의 선정과 배열 등은 '국제 통용 한국어교육 표준 모형'과 '한국어능력시험(TOPIK)'을 참고하여 일반 목적 한국어 교육의 기본적인 숙달도 단계를 존중하고 있습니다. 그러나 비즈니스 현장에서의 요구를 반영하는 것을 우선으로 하여 집필하였으므로 주제, 어휘, 문법, 기능, 상황 등의 선정 및 배열에서 일반 목적 한국어 교육과 차이를 보입니다.

- 주 교재에서는 생산직 근로자 또는 사무직 근로자가 한국인과 함께 근무하면서 근로 현장에서 접할 수 있는 상황과 표현을 중심으로 개발하였으며, 공적인 담화와 사적인 담화를 모두 포함시켜 구성하였습니다.

- 주 교재는 한국어의 정확성과 유창성을 향상시키기 위해 한국어 어휘, 문법, 발음과 관련된 한국어 지식과 함께 말하기, 듣기, 쓰기, 읽기 등 실질적인 연습 및 활용을 위한 과제를 모두 포함시켰습니다.

교재 내용 구성

- 본 교재는 '비즈니스 한국어 입문'과 '비즈니스 한국어 초급', '비즈니스 한국어 중급'으로 구성되어 있으며, 각 단계는 25개의 과로 이루어져 있습니다.

- 주 교재와 활용 교재의 1개 과는 기본적으로 4시간의 수업 내용들로 구성하여 1개 과를 모두 학습하는 데에 8시간이 소요됩니다. 물론 학습 현장 상황에 따라 수업 시간의 조절이 가능하며, 학습자의 학습 진도에 따라 수업 시간을 유연하게 적용할 수 있습니다.

- '비즈니스 한국어 입문'의 주 교재는 1과부터 5과까지는 한글 자모에 대한 학습으로 이루어져 있고, 활용 교재는 한글편 단원이 없이 6과부터 시작합니다.

- 주 교재의 첫 페이지는 학습목표와 삽화, 질문으로 구성되어 있습니다. 삽화를 통해 해당 상황에 대한 이야기를 나누면서 학습자에게 해당 과의 주제와 어휘를 노출할 수 있으며 배경 지식을 형성할 수 있습니다. '어휘'는 비즈니스 상황에 어울리는 주제에 맞추어 한국어 어휘장과 그에 따른 예문이 제시되고 있고, 연습도 함께 구성되어 있습니다. '문법'은 한국어 문법의 의미와 예문, 형태, 주의점 등이 베트남어와 한국어로 함께 제시되어 있으며 해당 문법에 대한 연습 문제도 구성되어 있습니다. '대화'는 해당 과의 주제에 맞는 자연스러운 한국어 대화로 이루어져 있으며 해당 과에서 학습한 문법과 어휘가 포함되어 있습니다.

- 활용 교재 '입문'과 '초급' 단계의 '듣고 말하기'는 주 교재의 대화문과 동일한 내용으로 구성되어 있는데, 이는 기본 대화문을 활용하여 다양한 소재와 내용으로 말하기를 확장 연습하는 단계입니다. 대화문의 주요 표현을 다양한 내용으로 교체하여 연습하고 질문에 대답함으로써 유의미한 말하기 연습을 진행할 수 있습니다. 또한 들은 내용을 이해하고 직접 받아써 봄으로써 한국어 의사소통 능력을 고루 신장할 수 있습니다. 더불어 듣기와 말하기 과제가 추가되어 실제적인 의사소통 상황에 대한 연습이 가능합니다. '읽고 말하기'는 읽기 담화와 연결된 말하기 연습으로 구성되어 있으며 '읽고 쓰기'는 읽기 담화와 연결된 쓰기 연습으로 구성되어 기능별 통합 교재로서의 특징을 보이고 있습니다.

- 활용 교재 '중급' 단계의 '말하기'는 '입문'과 '초급' 단계의 '듣고 말하기'와 같이 주 교재의 대화문과 동일한 내용으로 구성되어 있는데, 중급 대화문에 나온 주요 표현들을 활용하여 문장을 생성해 보고 주제와 관련된 이야기를 나눌 수 있습니다. '듣고 말하기'는 해당 과의 주제 또는 기능과 관련된 듣기 활동으로 구성되어 있습니다. '읽고 쓰기'는 비즈니스 현장에서 쓰이는 실용 텍스트뿐만 아니라 회사 생활을 통해 경험할 수 있는 내용이 담긴 다양한 읽기 텍스트와 이를 확장한 쓰기 활동으로 구성되어 있습니다.

비즈니스
한국어 입문

목차

입문 교재구성표

단원	제목	학습 목표
입문 1	한글 1	모음1
입문 2	한글 2	자음1
입문 3	한글 3	자음2
입문 4	한글 4	모음2
입문 5	한글 5	받침

단원	제목	학습 목표
입문 6	저는 프엉입니다	- 자기소개에 필요한 어휘와 문법을 이용하여 직장에서 자기소개를 할 수 있다.
입문 7	이건 사원증이에요	- 일할 때 사용하는 물건을 가리키고 표현할 수 있다.
입문 8	회의실이 어디에 있어요?	- 장소와 위치를 찾고 표현할 수 있다.
입문 9	회의 자료를 복사해요	- 직장의 부서에서 하는 일을 이야기할 수 있다.
입문 10	몇 층에 가요?	- 이동에 관한 표현을 알고 사용할 수 있다. - 한자어 숫자를 읽고 말할 수 있다.
입문 11	오늘도 열심히 해주세요. 파이팅!	- 날짜 어휘를 알고 격식체의 사용법을 익혀 직장에서 말할 수 있다.
입문 12	자재가 몇 상자 있어요?	- 수량 어휘와 분류사를 알고 상황에 맞게 물건의 수를 셀 수 있다.
입문 13	열 시에 회의가 있어요	- 시간을 표현할 때 필요한 어휘와 문법을 사용하여 시간을 묻고 대답할 수 있다.
입문 14	이제 어둡지 않아요	- 상태를 표현할 수 있다. - 부정을 표현하는 문법을 사용하여 말할 수 있다.
입문 15	그다음에 포장팀에 작업을 하러 갔어요	- 순서를 설명할 때 사용하는 어휘를 사용하여 말할 수 있다. - 과거의 일을 표현하는 문법을 사용할 수 있다. - 이동의 목적을 표현하는 문법을 사용할 수 있다.

어휘1	어휘2	문법1	문법2
직급	나라	입니다/입니까	은/는
물건	이것/그것/저것	이에요/예요	이/가
장소[1]	위치	에[1]	있다
부서명	동사	-어요/아요	을/를, 에서
이동 동사	숫자[1]	에[2]	몇
날짜	시간	-습니다/습니까	과/와, 도
숫자[2]	단위 명사	숫자 세기	한테, 에[3]
시간	매/마다	에[4]	만
형용사	ㅂ 불규칙	-지 않다	안
순서	르 불규칙	-었어요/았어요	-(으)러 가다

단원	제목	학습 목표
입문 16	점심을 많이 드세요	- 구내식당에서 사용하는 어휘를 알고 표현할 수 있다. - 시간의 경과를 나타내는 표현을 알고 말할 수 있다.
입문 17	무슨 음식을 좋아해요?	- 음식과 맛을 나타내는 어휘를 알고 표현할 수 있다. - 좋아하는 음식에 대해 묻고 답할 수 있다.
입문 18	저는 친구들이랑 노래방에 가고 싶어요	- 소망이나 바람을 표현할 수 있다. - 어떤 일에 대한 능력을 표현할 수 있다.
입문 19	일주일 동안 다낭에서 쉴 거예요	- 미래의 계획이나 의도를 표현할 수 있다. - 제안을 하거나 상대방의 의견을 물을 수 있다.
입문 20	보안 스티커를 떼지 마세요	- 일상생활과 업무 상황에서 표지판을 읽고 이해할 수 있다. - 지시와 금지 표현을 이해하고 확인할 수 있다.
입문 21	화면이 이상하네요	- 작업장과 공정 절차에 관련된 어휘를 익히고 표현할 수 있다. - 새롭게 알게 된 사실을 표현할 수 있고, 추측한 내용을 물어볼 수 있다.
입문 22	전체 확인 후에 보고해 주세요	- 도움을 제안하거나 요청하는 표현을 사용하여 말할 수 있다. - 어떤 행위의 전과 후에 하는 일을 표현할 수 있다.
입문 23	이물질이 들어가지 않게 주의하세요	- 회사에서 불량 및 품질 관리에 사용하는 어휘를 알고 표현할 수 있다. - 지시를 나타내는 표현을 알고 말할 수 있다.
입문 24	우리 함께 원인을 찾아봅시다	- 근무 교대 시에 사용하는 어휘를 알고 표현할 수 있다. - 격식적인 상황에 쓰는 권유와 의지 표현을 알고 말할 수 있다.
입문 25	좋은 분들과 함께 일해서 즐거웠습니다	- 회사 회식에서 어휘를 알고 표현할 수 있다. - 이유를 나타내는 표현을 알고 말할 수 있다.

어휘1	어휘2	문법1	문법2
식기	구내식당	…부터 …까지	한테서
음식	맛	무슨	하고
장소[2]	취미	-고 싶다	-(으)ㄹ 수 있다/없다
여행지	교통	-(으)ㄹ 거예요	-(으)ㄹ까요[1], 동안
보안	표지판	-(으)세요	-지요
작업장	생산	-네요	-(으)ㄹ까요[2]
전체와 부분	보고	전에/후에	-어/아 주다
불량	품질 관리	-지만	-게
근무 교대	근무 복장	-(으)ㅂ시다	-겠-
위하여	회식	-어서/아서	-(으)ㄴ

한글

한국어를 표기하는 문자를 '한글'이라고 합니다. 한글은 1443년에 세종대왕이 만들었는데 그때 한글의 이름은 '훈민정음'이었습니다. 한글을 만들기 전에는 한자를 사용했는데 지식인층이 아닌 일반 사람들은 한자를 배우기 어려워서 불편한 점이 많았습니다. 이런 백성들을 위해 세종대왕은 배우기 쉬운 한글을 만들었고 이를 통해 일반 사람들도 글을 읽고 쓸 수 있게 되었습니다.

세종대왕
(Vua Sejong)

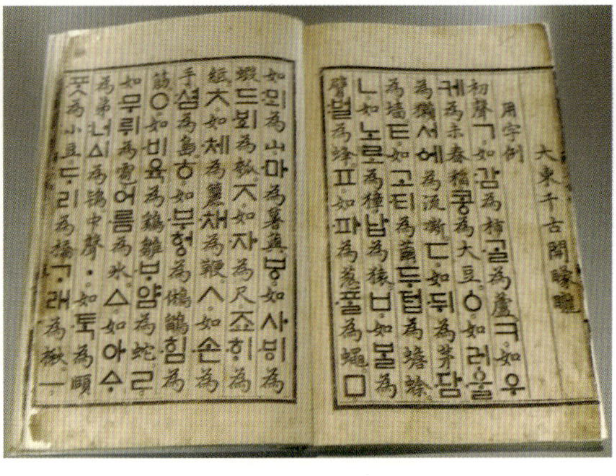

훈민정음 해례본
(Huấn dân chính âm, bản eonhae)

한글의 자음은 발음기관의 모양을 보고 만들었습니다. 그리고 자음에 획을 더해서 다양한 자음을 만들었습니다.

한글의 모음은 하늘, 땅, 사람의 모양을 보고 만들었습니다. 그리고 모음을 결합하고 획을 추가해서 다양한 모음을 만들었습니다.

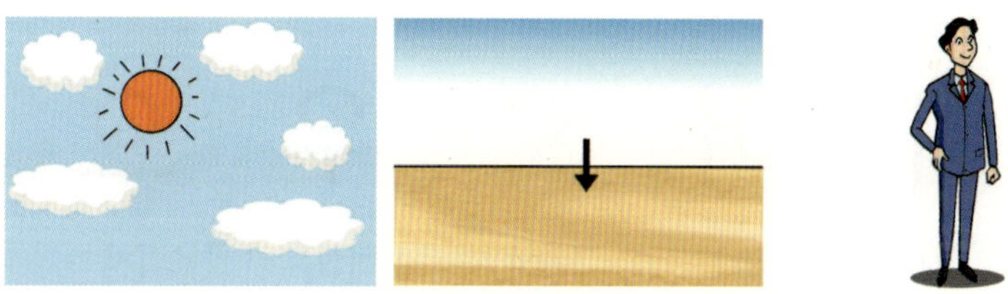

하늘 •　　　땅 ㅡ　　　사람 ㅣ

ㅏ　ㅓ　ㅗ　ㅜ

한글은 초성, 중성, 종성을 결합해서 하나의 음절을 만들 수 있습니다.

1과 한글1

모음 1

글자	ㅏ	ㅓ	ㅗ	ㅜ	ㅡ	ㅣ
음가	[a]	[ə]	[o]	[u]	[ɨ]	[i]
입모양	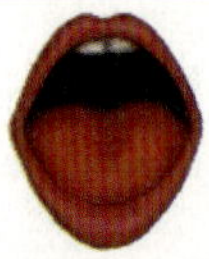					

듣고 따라 하세요.

ㅏ ㅓ ㅗ ㅜ ㅡ ㅣ

글자	아	어	오	우	으	이
음가	[a]	[ə]	[o]	[u]	[ɨ]	[i]
ㅇ+모음	ㅇ+ㅏ 아	ㅇ+ㅓ 어	ㅇ+ㅗ 오	ㅇ+ㅜ 우	ㅇ+ㅡ 으	ㅇ+ㅣ 이

듣고 따라 하세요.

아 어 오 우 으 이

Tips

모음을 자음 오른쪽에 쓰는 형태: 아, 어, 이

hình thức viết nguyên âm bên phải của phụ âm

모음을 자음 아래에 쓰는 형태: 오, 우, 으

hình thức viết nguyên âm phía dưới phụ âm

글자	ㅑ	ㅕ	ㅛ	ㅠ
음가	[ya]	[yə]	[yo]	[yu]
입모양	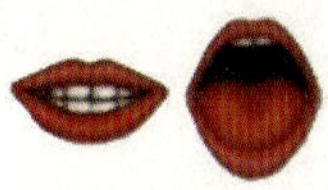		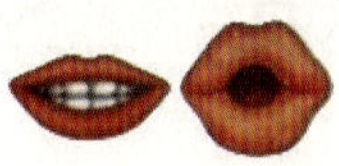	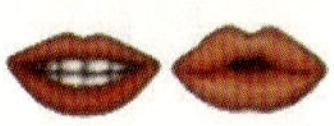

듣고 따라 하세요.

ㅑ ㅕ ㅛ ㅠ

야 여 요 유

연습 1. 읽어 보세요.

①

ㅏ ㅓ ㅗ ㅜ ㅡ ㅣ

ㅑ ㅕ ㅛ ㅠ

②

아 어 오 우 으 이

야 여 요 유

③

아우 오이 아이 우유 아야

여우 어이 이유 으아 야유

연습 2. 써 보세요.

ㅏ	ㅏ	ㅏ						
ㅓ	ㅓ	ㅓ						
ㅗ	ㅗ	ㅗ						
ㅜ	ㅜ	ㅜ						
ㅡ	ㅡ	ㅡ						
ㅣ	ㅣ	ㅣ						
ㅑ	ㅑ	ㅑ						
ㅕ	ㅕ	ㅕ						
ㅛ	ㅛ	ㅛ						
ㅠ	ㅠ	ㅠ						

아	아							
어	어							
오	오							
우	우							
으	으							
이	이							
야	야							
여	여							
요	요							
유	유							

연습 3. 잘 듣고 맞으면 O, 틀리면 X 하세요.

[보기]

아

아 (○)　　오(×)

(1) 어 (　　)　　(2) 야 (　　)

(3) 요 (　　)　　(4) 으 (　　)

(5) 이 (　　)　　(6) 아이 (　　)

(7) 우유 (　　)　　(8) 오이 (　　)

(9) 여우 (　　)　　(10) 야유 (　　)

연습 4. 잘 듣고 맞는 것을 고르세요.

[보기]

아

① 아 ② 어 답: ①

(1) ① 아 ② 으 답: ______

(2) ① 오 ② 우 답: ______

(3) ① 오 ② 어 답: ______

(4) ① 야 ② 여 답: ______

(5) ① 여 ② 어 답: ______

(6) ① 아이 ② 오이 답: ______

(7) ① 이어 ② 이오 답: ______

(8) ① 오이 ② 어이 답: ______

(9) ① 요우 ② 요유 답: ______

(10) ① 여유 ② 어유 답: ______

연습 5. 써 보세요.

[보기]

이  이 이 이 이

오 

아이 

오이 

우유 

여우 

연습 6. 잘 듣고 써 보세요.

[보기]

아

(1)	(2)	(3)	(4)	(5)
ㅇ	ㅇ	ㅇ	ㅇ	ㅇ

(6)	(7)	(8)	(9)	(10)
ㅇ	ㅇ	ㅇ	ㅇ	ㅇ

연습 7. 잘 듣고 써 보세요.

[보기]

오

오

(1) ________ (2) ________

(3) ________ (4) ________

(5) ________ (6) ________

(7) ________ (8) ________

(9) ________ (10) ________

2과 한글2

자음 1

글자	ㄱ	ㄴ	ㄷ	ㄹ	ㅁ	ㅂ	ㅅ	ㅇ	ㅈ
음가	[k/g]	[n]	[t/d]	[l/r]	[m]	[p/b]	[s]	[ø]	[tʃ/ʤ]
음절	가	나	다	라	마	바	사	아	자

듣고 따라 하세요.

가	거	고	구	그	기
나	너	노	누	느	니
다	더	도	두	드	디
라	러	로	루	르	리
마	머	모	무	므	미
바	버	보	부	브	비
사	서	소	수	스	시
아	어	오	우	으	이
자	저	조	주	즈	지

연습 1. 읽어 보세요.

1

고 너 드 리 묘

수 자 뉴 샤 벼

2

아무 도시 유리 모자 교수

두부 자리 나비 다리 나무

여기 바지 주소 가구 도로

3

어머니 아버지 주머니

이야기 야자수 다리미

러시아 라디오 소나무

바구니 우리나라 디자이너

연습 2. 써 보세요.

ㄱ	ㄱ	ㄱ						
ㄴ	ㄴ	ㄴ						
ㄷ	ㄷ	ㄷ						
ㄹ	ㄹ	ㄹ						
ㅁ	ㅁ	ㅁ						
ㅂ	ㅂ	ㅂ						
ㅅ	ㅅ	ㅅ						
ㅇ	ㅇ	ㅇ						
ㅈ	ㅈ	ㅈ						

	ㅏ	ㅑ	ㅓ	ㅕ	ㅗ	ㅛ	ㅜ	ㅠ	ㅡ	ㅣ
ㄱ	가									
ㄴ		냐								
ㄷ			더							
ㄹ				려						
ㅁ					모					미
ㅂ						뵤				
ㅅ							수			
ㅇ								유		
ㅈ									즈	

연습 3. 잘 듣고 맞으면 O, 틀리면 X 하세요.

[보기]

저

저 (○) 서 (×)

(1) 모 (　　) (2) 교 (　　)

(3) 겨 (　　) (4) 더 (　　)

(5) 소 (　　) (6) 다리 (　　)

(7) 나라 (　　) (8) 바다 (　　)

(9) 가지 (　　) (10) 아리아 (　　)

연습 4. 잘 듣고 맞는 것을 고르세요.

[보기]

마

① 마 ② 바 답: ①

(1)	① 소	② 조	답: ____
(2)	① 니	② 이	답: ____
(3)	① 다	② 나	답: ____
(4)	① 료	② 묘	답: ____
(5)	① 셔	② 벼	답: ____
(6)	① 미리	② 미니	답: ____
(7)	① 아이	② 아기	답: ____
(8)	① 요리	② 요기	답: ____
(9)	① 구두	② 누구	답: ____
(10)	① 어머니	② 거머리	답: ____

연습 5. 써 보세요.

[보기]

요리  요 리 요 리 요 리

소 

모자 

고기 

다리미 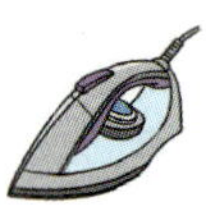

바나나 

연습 6. 잘 듣고 써 보세요.

[보기]

가

(1)	(2)	(3)	(4)	(5)
ㅏ	ㅕ	ㅗ	ㅣ	ㅠ

(6)	(7)	(8)	(9)	(10)
ㅑ	ㅡ	ㅓ	ㅜ	ㅛ

연습 7. 잘 듣고 써 보세요.

[보기]

샤

샤

(1) ______ (2) ______

(3) ______ (4) ______

(5) ______ (6) ______

(7) ______ (8) ______

(9) ______ (10) ______

3과 한글3

자음 2

글자	ㅋ	ㅌ	ㅍ	ㅊ	ㅎ
음가	[kʰ]	[tʰ]	[pʰ]	[ʧʰ]	[h]
음절	카	타	파	차	하

듣고 따라 하세요.

카	커	코	쿠	크	키
타	터	토	투	트	티
파	퍼	포	푸	프	피
차	처	초	추	츠	치
하	허	호	후	흐	히

글자	ㄲ	ㄸ	ㅃ	ㅆ	ㅉ
음가	[k′]	[t′]	[p′]	[s′]	[ʧ′]
음절	까	따	빠	싸	짜

듣고 따라 하세요.

까 꺼 꼬 꾸 끄 끼

따 떠 또 뚜 뜨 띠

빠 뻐 뽀 뿌 쁘 삐

싸 써 쏘 쑤 쓰 씨

짜 쩌 쪼 쭈 쯔 찌

Tips

다음 발음을 구별해 보세요.

hãy phân biệt những phát âm sau đây.

가/카/까 더/터/떠 벼/펴/뼈

주/추/쭈 스/쓰 이/히

연습 1. 읽어 보세요.

1.

코 꼬 투 뚜 씨

피 삐 차 짜 혀

2.

타조 켜다 토끼 커피 휴지 까치

뜨며 끼고 오빠 짜니 싸리 차표

3.

모니터 기차표 피아노 토마토

코끼리 아껴요 까투리 아저씨

오토바이

연습 2. 써 보세요.

ㅋ	ㅋ	ㅋ						
ㅌ	ㅌ	ㅌ						
ㅍ	ㅍ	ㅍ						
ㅊ	ㅊ	ㅊ						
ㅎ	ㅎ	ㅎ						

ㄲ	ㄲ	ㄲ						
ㄸ	ㄸ	ㄸ						
ㅃ	ㅃ	ㅃ						
ㅆ	ㅆ	ㅆ						
ㅉ	ㅉ	ㅉ						

	ㅏ	ㅑ	ㅓ	ㅕ	ㅗ	ㅛ	ㅜ	ㅠ	ㅡ	ㅣ
ㅋ	카									
ㅌ		탸								
ㅍ			퍼							
ㅊ				쳐						
ㅎ					호					
ㄲ						꾜				
ㄸ							뚜			
ㅃ								쀼		
ㅆ									쓰	
ㅉ										찌

연습 3. 잘 듣고 맞으면 O, 틀리면 X 하세요.

[보기]

트

트 (○) 뜨 (×)

(1) 씨 ( )

(2) 펴 ( )

(3) 푸 ( )

(4) 타 ( )

(5) 껴 ( )

(6) 가치 ( )

(7) 보도 ( )

(8) 차다 ( )

(9) 투구 ( )

(10) 아프리카 ( )

연습 4. 잘 듣고 맞는 것을 고르세요.

[보기]

빠

① 빠　　② 바　　답: ①

(1)	① 소	② 초	답:
(2)	① 겨	② 껴	답:
(3)	① 다	② 타	답:
(4)	① 뷰	② 퓨	답:
(5)	① 주	② 쭈	답:
(6)	① 구두	② 구뚜	답:
(7)	① 크기	② 끄기	답:
(8)	① 치아	② 찌아	답:
(9)	① 빠리	② 파리	답:
(10)	① 어짜피	② 어차피	답:

연습 5. 써 보세요.

[보기]

혀 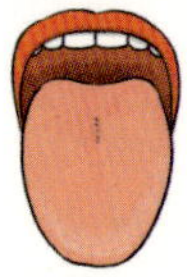 혀 혀 혀 혀

카드 

포도 

커피 

토마토 

모니터 

연습 6. 잘 듣고 써 보세요.

[보기]

차

(1)	(2)	(3)	(4)	(5)
ㅗ	ㅛ	ㅕ	ㅜ	ㅠ

(6)	(7)	(8)	(9)	(10)
ㅡ	ㅓ	ㅏ	ㅑ	ㅣ

연습 7. 잘 듣고 써 보세요.

[보기]

쿠

쿠

(1) ________ (2) ________

(3) ________ (4) ________

(5) ________ (6) ________

(7) ________ (8) ________

(9) ________ (10) ________

4과 한글4

모음 2

글자	ㅐ	ㅔ	ㅒ	ㅖ	ㅘ	ㅝ
음가	ɛ	e	yɛ	ye	wa	wə
음절	애	에	얘	예	와	워

글자	ㅟ	ㅚ	ㅙ	ㅞ	ㅢ
음가	ü/wi	ö/we	wɛ	we	ɨy
음절	위	외	왜	웨	의

듣고 따라 하세요.

애 에 얘 예

와 워 위

외 왜 웨

의

연습 1. 읽어 보세요.

1

개 게 걔 계

좌 둬 쉬 돼 눼 되 의

2

줘요 과자 귀하 개도 계도

궤도 최고 체고 채도

의자 의도 의사

3

제주도 카메라 테스트

사귀다 재채기 뛰어요

괴로워 세계사 외워요

연습 2. 써 보세요.

애	애	애						
에	에	에						
얘	얘	얘						
예	예	예						
와	와	와						
워	워	워						
위	위	위						
외	외	외						
왜	왜	왜						
웨	웨	웨						
의	의	의						

연습 3. 잘 듣고 맞으면 O, 틀리면 X 하세요.

[보기]

위

위 (○)　이 (×)

(1) 꽤 (　　)　　(2) 과 (　　)

(3) 제 (　　)　　(4) 퉤 (　　)

(5) 폐 (　　)　　(6) 의지 (　　)

(7) 사과 (　　)　　(8) 최고 (　　)

(9) 회사 (　　)　　(10) 애기 (　　)

연습 4. 잘 듣고 맞는 것을 고르세요.

[보기]

위

① 위　② 에　답: ①

(1)	① 게	② 계	답: ______
(2)	① 눠	② 너	답: ______
(3)	① 대	② 돼	답: ______
(4)	① 래	② 뤠	답: ______
(5)	① 바	② 봐	답: ______
(6)	① 쇠	② 셰	답: ______
(7)	① 지	② 쥐	답: ______
(8)	① 의사	② 위사	답: ______
(9)	① 회계	② 헤계	답: ______
(10)	① 사귀다	② 사괴다	답: ______

연습 5. 써 보세요.

[보기]

새  새 새 새 새

돼지 

의자 

시계 

회사 

카메라 

연습 6. 잘 듣고 써 보세요.

[보기]

취

(1)	(2)	(3)	(4)	(5)
ㅅ	ㅈ	ㄱ	ㅍ	ㅇ

(6)	(7)	(8)	(9)	(10)
ㄷ	ㄲ	ㄹ	ㅎ	ㄸ

연습 7. 잘 듣고 써 보세요.

[보기]

와

와

(1) ______ (2) ______

(3) ______ (4) ______

(5) ______ (6) ______

(7) ______ (8) ______

(9) ______ (10) ______

5과 | 한글5

받침

글자	ㄱ ㅋ ㄲ	ㄴ	ㄷ ㅌ ㅅ ㅆ ㅈ ㅊ ㅎ	ㄹ	ㅁ	ㅂ ㅍ	ㅇ
음가	[k]	[n]	[t]	[l]	[m]	[p]	[ŋ]
음절	책, 부엌, 밖	칸	곧, 밑, 옷, 았, 낮, 꽃, 히읗	말	땀	입, 앞	강

음절 구성

ㄱ	+	ㅏ	+	ㄱ	=	각
ㄱ	+	ㅗ	+	ㄱ	=	곡

듣고 따라 하세요.

[k]	책 밖 부엌
[n]	산 눈 돈
[t]	곧 밭 옷 었 낮 돛 히읗
[l]	물 날 풀
[m]	곰 숨 베트남
[p]	밥 입 앞 숲
[ŋ]	강 공 사랑

Tips

받침에 두 개의 자음이 같이 올 때도 있다. 이때는 두 개 중에서 하나만 발음한다.

cũng có trường hợp có hai phụ âm cuối. Khi đó chỉ phát âm một trong hai phụ âm.

- 처음 오는 자음을 발음: **ㄳ, ㄵ, ㄶ, ㅀ ㄼ, ㄽ, ㄾ, ㅄ**

  Phát âm phụ âm đứng trước

  예: 삯, 앉다, 않다, 옳다, 여덟, 외곬, 핥다, 값

  예외) 넓죽하다[넙쭈카다], 밟다[밥: 따]

- 뒤에 오는 자음을 발음: **ㄺ, ㄻ, ㄿ**

  phát âm phụ âm đứng sau

  예: 닭, 삶, 읊다

연습 1. 읽어 보세요.

1

책 칸 곧 물 곰 밥 옷 강 낮 꽃 밖 밑
숲 방 았 낮 풀 땀 입 앞 창 벽 산 밭
돛 값 몫 닭 부엌 히읗

2

여름 가을 겨울 손님 서울 사람
사랑 빨리 뚜껑 양말 음악 다낭
미국 태국 일본 한국 중국
많다 읽다 잃다 없다 싫다

3

강아지 고양이 비행기 지하철 베트남
컴퓨터 휴대폰 한국어 사무실 텔레비전

Tips

받침으로 끝나는 음절에 모음으로 시작하는 음절이 이어지면 앞의 받침이 다음 음절의 첫소리로 발음된다.

Trong âm tiết kết thúc bằng phụ âm, nếu âm tiết tiếp theo được bắt đầu bằng nguyên âm thì phụ âm cuối của âm phía trước sẽ được phát âm thành âm đầu của âm tiết phía sau.

예) 음악[으막]	한국어[한구거]	살아요[사라요]
산이[사니]	베트남에[베트나메]	한국은[한구근]

연습 2. 써 보세요.

색	색	색						
숲	숲	숲						
창	창	창						
문	문	문						
칼	칼	칼						
펜	펜	펜						
값	값	값						
닭	닭	닭						

연습 3. 잘 듣고 맞으면 O, 틀리면 X 하세요.

[보기]

전

전 (○)　정 (×)

(1) 봄 (　　)　(2) 설 (　　)

(3) 각 (　　)　(4) 돈 (　　)

(5) 맛 (　　)　(6) 여름 (　　)

(7) 책상 (　　)　(8) 입구 (　　)

(9) 방송 (　　)　(10) 서울역 (　　)

연습 4. 잘 듣고 맞는 것을 고르세요.

[보기]

공

① 공　　② 곰　　답: ①

(1)	① 숲	② 숙	답: ______
(2)	① 각	② 강	답: ______
(3)	① 앞	② 앗	답: ______
(4)	① 꽃	② 꼽	답: ______
(5)	① 풀	② 풍	답: ______
(6)	① 사랑	② 사람	답: ______
(7)	① 감기	② 간기	답: ______
(8)	① 엄마	② 얼마	답: ______
(9)	① 수박	② 수발	답: ______
(10)	① 서울	② 서운	답: ______

연습 5. 써 보세요.

[보기]

신문 

신	문		신	문		신	문

책상 

연필 

자판기 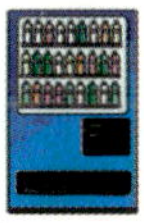

컴퓨터 

사무실 

연습 6. 잘 듣고 써 보세요.

[보기]

각

(1)	(2)	(3)	(4)	(5)
나	ㅕ	고	ㅣ	ㅠ

(6)	(7)	(8)	(9)	(10)
ㅐ	ㅏ	ㅓ	푸	ㅑ

연습 7. 잘 듣고 써 보세요.

[보기]

감

감

(1) ________ (2) ________

(3) ________ (4) ________

(5) ________ (6) ________

(7) ________ (8) ________

(9) ________ (10) ________

06 저는 프엉입니다

1. 여자는 무엇을 하고 있습니까?
2. 한국과 베트남의 인사 방법은 어떻게 다릅니까?

학습 목표

- 자기소개에 필요한 어휘와 문법을 이용하여 직장에서 자기소개를 할 수 있다.

어휘: 직급, 나라

문법: 입니다/입니까, 은/는

어휘1

직급

사원 주임 대리 과장 차장 부장 상무 사장/대표이사

- 투안 씨는 **사원**입니다.
- 김재호 씨는 **대리**입니다.
- **과장**님은 베트남 사람입니다.
- 우리 **사장**님은 한국 사람입니다.

Tips

(1) 자기보다 직급이 더 높은 사람을 부를 때는 '직급+님'으로 부른다.
Khi xưng hô với người có chức vụ cao hơn mình thì phải dùng 'chức vụ + nim (님)'.

예) 사장님, 상무님, 부장님, 차장님, 과장님, 대리님, 주임님 등

(2) 직급 앞에는 이름을 붙이거나 성을 붙여서 부르기도 한다.
Đôi khi người ta cũng gắn tên hoặc họ trước chức vụ để gọi đối phương.

예) 과장이 대리에게: 김 대리, 김재호 대리, 투안 대리, 흐엉 대리
주임이 부장에게: 김 부장님, 김재호 부장님, 투안 부장님, 흐엉 부장님

(3) 같은 직급끼리, 자기보다 직급이 낮은 사람에게, 사원에게는 '이름+씨'로 부를 수 있다.
Nếu là người có chức vụ ngang hàng, người có chức vụ thấp hơn mình hoặc nhân viên thì có thể gọi "tên người đó + ssi".

예) 재호 씨, 김재호 씨, 투안 씨, 흐엉 씨

★ '씨' 앞에는 성만 붙여 부르지 않도록 주의한다. 예) 김 씨(×)
Chú ý không dùng mỗi họ của người đó trước từ 'ssi(씨)'.

어휘2

나라

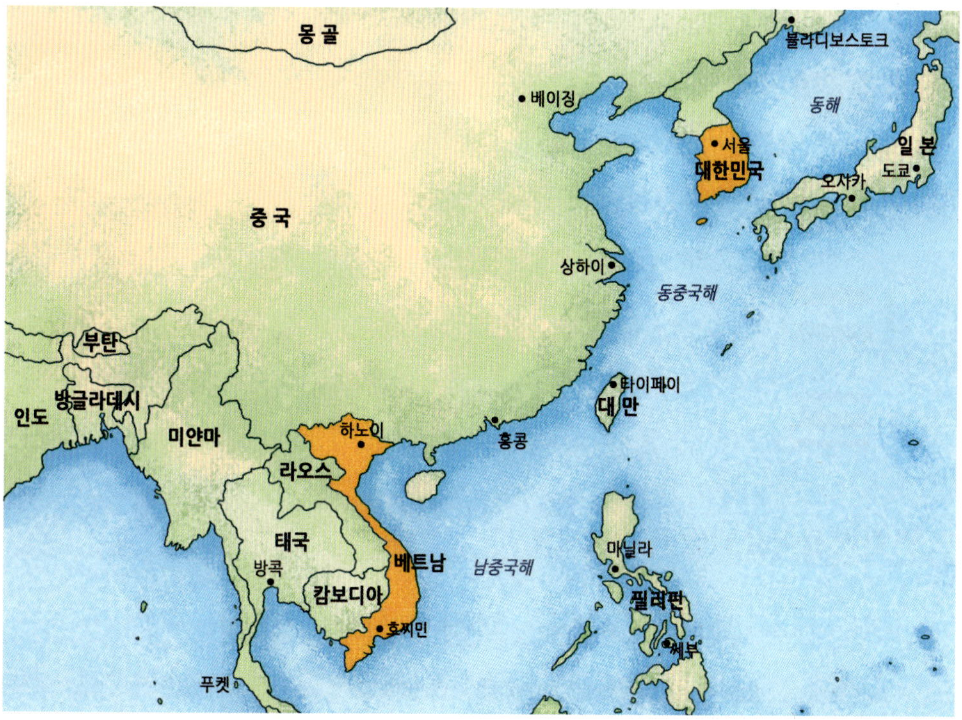

① 베트남 
② 한국 
③ 일본 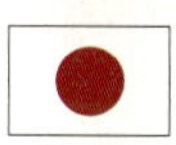
④ 중국 
⑤ 인도 
⑥ 태국 
⑦ 라오스 
⑧ 캄보디아 
⑨ 미국 
⑩ 호주 
⑪ 독일 
⑫ 영국 
⑬ 브라질 
⑭ 나이지리아 

어휘 연습

1. [보기]와 같이 연결하세요.

[보기]  • —— • 한국

(1) 	•	•	태국
(2) 	•	•	영국
(3) 	•	•	베트남
(4) 	•	•	한국
		•	인도

2. 빈 칸에 들어갈 말을 골라 쓰세요.

[보기] 과장 사원 부장 상무 대리

(5) 주임 (4) (3) 차장 (2) (1) 사장/대표이사

문법1

입니다/입니까

'이다'에 '-ㅂ니다'가 결합한 형태로, (명사에 붙어) 상태나 사실을 설명함을 나타낸다. 질문의 경우에는 '입니까'를 쓰고, 대답할 때는 '입니다'를 쓴다.

'Là (이다)' kết hợp với '-ㅂ니다', (Gắn vào danh từ) Sử dụng khi giải thích cho một trạng thái hay sự thật nào đó. Trường hợp là câu hỏi thì sẽ dùng là '입니까', trong câu trả lời sẽ dùng'입니다'.

- 가: 안녕하세요.
  나: 안녕하세요. 프엉입니다.
- 가: 김재호 씨입니까?
  나: 네, 김재호입니다.
- 가: 한국 사람입니까?
  나: 아니요, 베트남 사람입니다.

Tips
네 vâng
아니요 không

받침 ○	입니다	프엉	프엉입니다
		사원	사원입니다
		과장	과장입니다
		베트남 사람	베트남 사람입니다
받침 ×		김재호	김재호입니다
		대리	대리입니다
		대표 이사	대표 이사입니다
		러시아	러시아입니다

문법 연습1

1. [보기]와 같이 쓰세요.

[보기]

가: 누구입니까?

나: 에리코입니다.

(1)

투안

가: 투안입니까?

나: 네, ______.

(2)

중국 사람

가: 한국 사람입니까?

나: 아니요, ______.

(3)

스티브

가: 누구입니까?

나: ______.

(4)

이유미

가: 누구입니까?

나: ______.

2. [보기]와 같이 쓰세요.

[보기]

흐엉/과장
㈜한국전자

저는 흐엉입니다.

저는 한국전자 과장입니다.

(1)

왕유/대리
베한전자

저는 ______.

______.

(2)

이유미/사원
㈜코리안마트

저는 ______.

______.

문법2

은/는

(명사에 붙어) 주제임을 나타낼 때 사용한다.

(Gắn vào danh từ) Sử dụng khi thể hiện chủ thể của hành động

- 가: 저는 프엉입니다.
  나: 저는 김재호입니다.
- 가: 김재호 과장님은 한국 사람입니까?
  나: 네, 김재호 과장님은 한국 사람입니다.
- 프엉 씨는 베트남 사람입니다.
- 박연수 부장은 한국 사람입니다.

받침 ○	은	김 과장	김 과장은
		베트남	베트남은
		태국 사람	태국 사람은
		사장님	사장님은
받침 ×	는	프엉 씨	프엉 씨는
		캄보디아	캄보디아는
		캐나다	캐나다는
		김 대리	김 대리는

문법 연습2

1. [보기]와 알맞은 것을 쓰세요.

[보기] 저 는 김재호입니다.

(1) 투안 ______ 베트남 사람입니다.

(2) 에리코 ______ 일본 사람입니다.

(3) 사장님 ______ 한국 사람입니다.

(4) 왕정 ______ 중국 사람입니다.

2. [보기]와 같이 대화를 만드세요.

[보기] 가: 프엉은 베트남 사람입니까?
나: 네, 프엉은 베트남 사람입니다.

(1) 가: 칸은 인도 사람입니까?
나: 네, ______.

(2) 가: 김재호 씨는 과장입니까?
나: 아니요, ______.

(3) 가: 토모코는 중국 사람입니까?
나: 아니요, ______.

(4) 가: 투안은 주임입니까?
나: 네, ______.

대화

프　엉: 안녕하세요?

김재호: 네. 안녕하세요? 김재호 대리입니다.

프　엉: 저는 신입 사원 프엉입니다. 처음 뵙겠습니다.

김재호: 프엉 씨, 만나서 반갑습니다.

프　엉: 네, 대리님. 앞으로 잘 부탁드립니다.

김재호: 네, 열심히 해 주세요.

- 신입 사원
- 안녕하세요
- 처음 뵙겠습니다
- (만나서)반갑습니다
- (앞으로) 잘 부탁드립니다
- 열심히 해 주세요

- 프엉입니다[프엉임니다]
- 뵙겠습니다[뵙껟씀니다]
- 반갑습니다[반갑씀니다]
- 앞으로[아프로]
- 부탁드립니다[부탁뜨림니다]
- 열심히[열씸히]

- 여자는 누구입니까?
- '앞으로 잘 부탁드립니다'는 무슨 뜻입니까?

07 이건 사원증이에요

1 무엇이 있습니까?

2 사람이 있습니까?

3 사원증이 있습니까?

학습 목표

- 일할 때 사용하는 물건을 가리키고 표현할 수 있다.

어휘: 물건, 이것/그것/저것

문법: 이에요/예요, 이/가

어휘1

물건

• 집 안의 물건 (đồ vật)

침대, 책상, 의자, 책장, 옷장, 서랍장, 문, 창문, 벽, 그림, 사진, 거울, 달력, 시계, 컵, 옷, 모자, 신발, 지갑, 카드, 현금(돈), 휴대전화(스마트폰), 우산, 신분증, 사원증

• 사무용품 (đồ dùng văn phòng)

복사기, 프린터, 팩스, 복합기, 정수기, 칠판, 화이트보드, 컴퓨터(데스크톱, 노트북), 모니터, 마우스, 키보드, 계산기, 종이, 파일, 봉투, 공책(노트), 수첩, 메모지(접착 메모지, 포스트잇), 볼펜, 연필, 지우개, 필통, 수정펜, 형광펜, 매직펜, 가위, 칼, 풀, 테이프, 클립, 스테이플러, 집게, 압정

어휘2

이것/그것/저것

이것

그것

저것

이 사람

그 사람

저 사람

- 이거 / 그거 / 저거
- 이 책 / 그 책 / 저 책
- 이분 / 그분 / 저분

어휘 연습

1. [보기]와 같이 쓰세요.

[보기]  신발

(1) ______

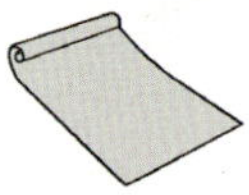 (2) ______

 (3) ______

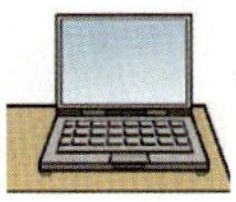 (4) ______

 (5) ______

2. [보기]와 같이 '이', '그', '저'를 쓰세요.

[보기]  이 연필

 (1) ______ 컴퓨터

 (2) ______ 정수기

 (3) ______ 사람

 (4) ______ 사람

문법1

이에요/예요

(명사에 붙어) 주어가 지시하는 대상의 부류나 속성을 지정하는 뜻임을 나타낸다.
명사가 문장의 서술어가 되게 할 때 사용한다.

(Gắn vào danh từ) Thể hiện khi chỉ ra thuộc tính hay phạm trù của đối tượng mà chủ ngữ chỉ thị. Được dùng khi biến danh từ trở thành vị ngữ của câu.

- 가: 뭐예요?
  나: 작업복이에요.
- 가: 저 사람은 누구예요?
  나: 이유미 씨예요.
- 이것은 제 컴퓨터예요.
  저것은 프엉 씨 컴퓨터예요.
- 가: 누구 가방이에요?
  나: 제 거예요.

Tips

- 뭐예요? = 무엇입니까?
- 누구예요? = 누구입니까?
- 어디예요? = 어디입니까?
- N: 명사(danh từ)

제 N	(사람) N	누구 N
제 책상 제 것/거 제 친구	동생 책상 동생 것/거 동생 친구	누구 책상 누구 것/거

받침 ○	이에요	프엉	프엉이에요
		사원	사원이에요
		과장	과장이에요
		베트남 사람	베트남 사람이에요
받침 ×	예요	김재호	김재호예요
		대리	대리예요
		대표 이사	대표 이사예요
		하노이	하노이예요

★ 이/가 아니에요

- 제 카드가 아니에요.
- 한국 사람이 아니에요. 베트남 사람이에요.

제 카드아니에요 (×) → 제 카드가 아니에요.

한국 사람아니에요. (×) → 한국 사람이 아니에요.

- 가: 프엉 씨 파일이에요?
  나: 아니요. 제 것이 아니에요.
- 가: 저 버스예요?
  나: 아니요. 저 버스가 아니에요.

문법 연습1

1. [보기]와 같이 쓰세요.

[보기] 

가: 공책이에요?
나: 아니요. 메모지 예요 .

(1) 

가: 뭐예요?
나: 사원증 ________.

(2) 

가: 어디예요?
나: 우리 사무실 ________.

(3) 

가: 누구예요?
나: 제 아버지, 어머니 ________.

(4) 

가: 유미 씨 가방이에요?
나: 아니요. 짱 씨 거 ________.

2. [보기]와 같이 쓰세요.

[보기] 

책상 이 아니에요 . 의자예요.

(1) 

컴퓨터 ________.

(2) 

학생 ________.

(3) 
-프엉-

짱 씨 ________.

문법2

이/가

(명사에 붙어) 어떤 동작을 하는 주체 또는 어떤 상태에 있는 대상을 나타낸다. 문장의 주어임을 나타낼 때 사용한다.

(Gắn vào danh từ) Thể hiện chủ thể đang làm một động tác nào đó hoặc đối tượng đang ở trạng thái nào đó. Được dùng khi đó là chủ ngữ của câu.

- 가: 김재호 대리님이 누구예요?
  나: 저분이에요.
- 가: 유미 씨가 친구예요?
  나: 아니요. 동료예요.
- 이것이 베트남 신분증이에요.
- 이것은 제 책이 아니에요. 저것이 제 거예요.
- 가: 누가 김 과장님이에요?
  나: 저분이 김 과장님이에요.
- 가: 누가 투안 씨예요?
  나: 제가 투안이에요.

Tips

- 이것이 = 이게
- 저것이 = 저게
- 그것이 = 그게
- 무엇이 = 뭐가
- (누구가) = 누가

받침 ○	이	베트남	베트남이
		핸드폰	핸드폰이
		김 과장	김 과장이
		태국 사람	태국 사람이
받침 ×	가	프엉 씨	프엉 씨가
		라오스	라오스가
		종이	종이가
		한국어	한국어가

★ 이/가 있다/없다

- 지갑이 있어요. 돈이 없어요. 카드가 있어요.
- 가: 뭐가 있어요?
  나: 텔레비전이 있어요.
- 가: 누가 있어요?
  나: 김재호 대리님이 있어요.

문법 연습2

1. [보기]와 같이 쓰세요.

[보기] 

가: 이 사람이 누구예요?

나: 프엉 씨예요.

(1) 가: 뭐예요?

나: ______________________.

(2) 가: 뭐가 있어요?

나: ______________________.

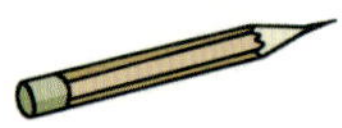

(3) 가: 무엇이 있어요?

나: ______________________.

(4) 가: 누구예요?

나: ______________________.

2. [보기]와 같이 대화를 만드세요.

[보기] 

가: 누가 투안 씨예요?

나: 저 사람이 투안 씨예요.

(1) 가: 이것이 제 책상입니까?

나: 네. ______________________.

(2) 가: 저게 제 컴퓨터예요?

나: 아니요. ______________________.

(3) 가: ______________________?

나: 이것은 복사기예요.

대화

김재호: 자, 이건 프엉 씨 사원증이에요.

프 엉: 고맙습니다. 이건 뭐예요?

김재호: 우리 업무 수첩이에요.

프 엉: 저게 제 컴퓨터예요?

김재호: 아니요, 저건 프엉 씨 컴퓨터가 아니에요.
이 컴퓨터가 프엉 씨 거예요.

프 엉: 네, 알겠습니다. 대리님.

- 이것+은 → 이건
  저것+은 → 저건
  그것+은 → 그건
- 업무 수첩
- 우리

- 네, (잘) 알겠습니다.
- 네, 그렇게 하겠습니다.

- 사원증[사원쯩]
- 알겠습니다[알겓씀니다]

• 무엇입니까?

• '알겠습니다'는 무슨 의미입니까?

08 회의실이 어디에 있어요?

1. 어디입니까?
2. 사무실이 있습니까?
3. 회의실입니다. 사람이 있습니까?

학습 목표

- 장소와 위치를 찾고 표현할 수 있다.

어휘: 장소[1], 위치

문법: 에[1], 있다

어휘1

장소[1]

여기

저기

거기

어디

회사

사무실

회의실

비품실

식당

휴게실

탕비실

화장실

공장

탈의실

창고

보건실

병원

약국

은행

우체국

서점

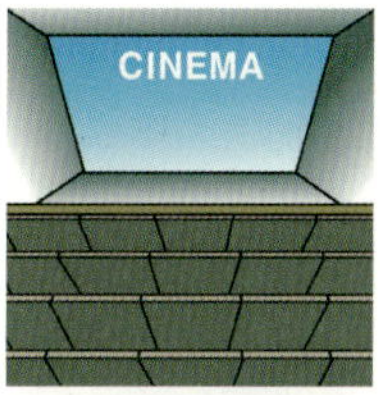

극장=영화관

미용실

세탁소

시장

복도

계단

집

학교

교실

도서관

운동장

어휘2

위치

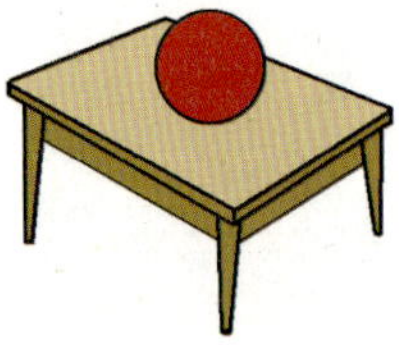

위

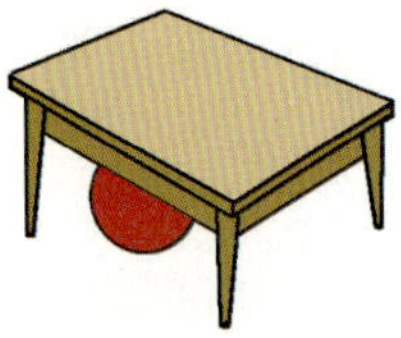

아래

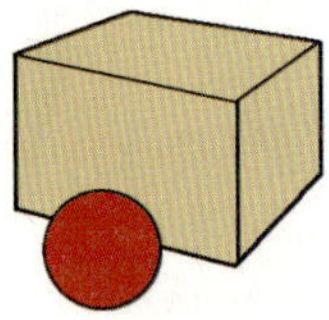

앞

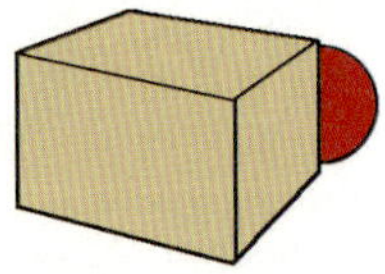

뒤

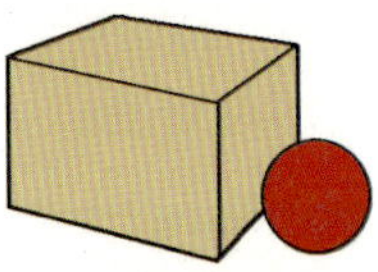

옆

오른쪽

왼쪽

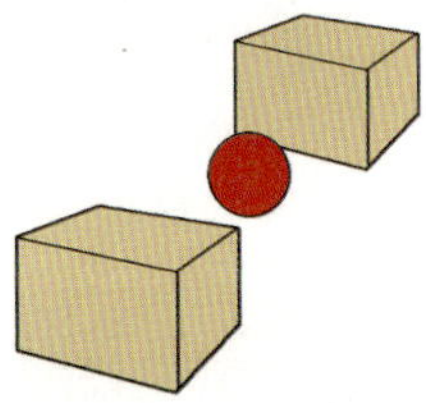

사이

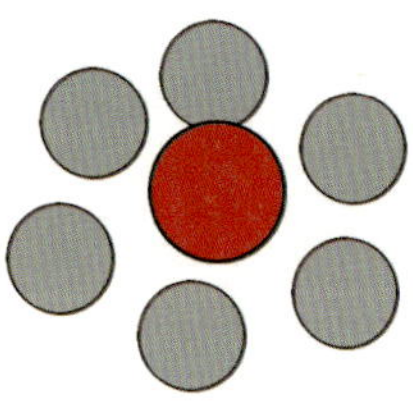

가운데, 중간

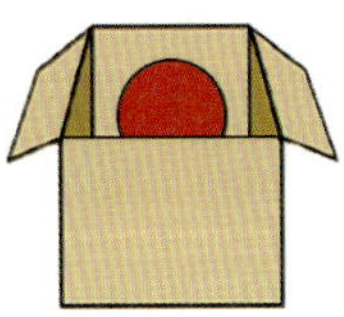

안

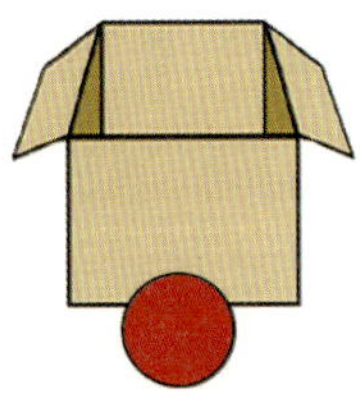

밖

건너편, 맞은편

어휘 연습

1. [보기]와 같이 연결하세요.

[보기]		•	• 병원
(1)		•	• 식당
(2)		•	• 탈의실
(3)		•	• 회의실
(4)		•	• 휴게실
(5)		•	• 영화관

2. [보기]와 같이 쓰세요.

[보기]

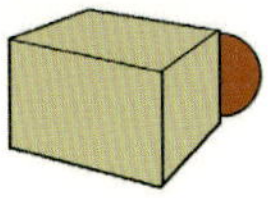

뒤

(1) 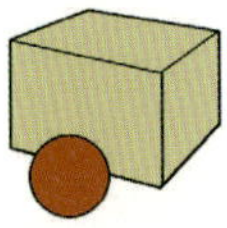

(2) 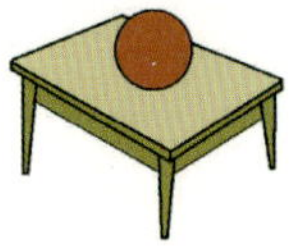

(3) 

(4) 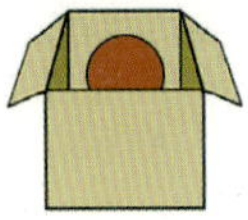

(5) 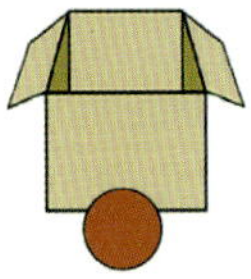

문법1

에[1]

(명사에 붙어) 사람이나 사물이 존재하거나 위치하는 곳을 나타낼 때 사용한다.

(Gắn với danh từ) Được dùng khi muốn nói về sự tồn tại của người hay sự vật hoặc địa điểm mà đối tượng đang ở đó.

- 가: 휴게실에 커피가 있어요?
  나: 네, 있어요.
- 가: 회의실에 노트북이 있어요?
  나: 아니요, 없어요.
- 가: 노트북이 어디에 있어요?
  나: 사무실에 있어요. 투이 씨 책상 위에 있어요.
- 가: 서점이 어디에 있어요?
  나: 식당 옆에 있어요.
- 투이가 호찌민에 있어요. 프엉이 하노이에 있어요.

Tips

주로 '있다, 없다'와 함께 사용한다.
Chủ yếu sử dụng cùng với "있다, 없다"

- 사무실에 복사기가 있어요.
- 사무실에 정수기가 없어요.

- 휴게실에 커피가 있어요.
  = 커피가 휴게실에 있어요.

문법 연습1

1. [보기]와 같이 '이, 가, 에'를 쓰세요.

[보기] 쩐 씨 가 사무실 에 있어요.

(1) 컴퓨터 ______ 있어요.

(2) 휴게실 ______ 의자 ______ 있어요.

(3) 김 대리님 ______ 회의실 ______ 없어요.

(4) 수첩 ______ 가방 안 ______ 있어요.

(5) 책상 위 ______ 휴대 전화 ______ 없어요.

(6) 정수기 옆 ______ 복사기 ______ 있어요.

2. [보기]와 같이 쓰세요.

[보기]

가: 사물함이 어디에 있어요?

나: 탈의실에 있어요.

(1) 가: 방에 뭐가 있어요?

나: ______________.

(2) 가: 회의실에 누가 있어요?

나: ______________.

(3) 가: 정수기가 어디에 있어요?

나: ______________.

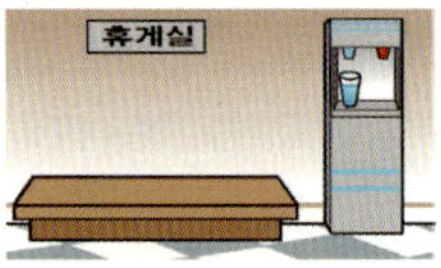

(4) 가: 프엉 씨가 어디에 있어요?

나: ______________.

3. [보기]와 같이 그림으로 보고 맞으면 ○, 틀리면 × 하세요.

[보기]

책이 책상 위에 있어요. (○, ×)

(1)

의자 옆에 가방이 있어요. (○, ×)

(2)

컴퓨터 위에 메모지가 있어요. (○, ×)

(3)

김 대리님이 회의실 안에 있어요. (○, ×)

(4)

짱 씨 뒤에 투안 씨가 있어요. (○, ×)

문법2

있다

사람, 동물, 물체 등이 존재하는 상태를 나타낸다.

Trạng thái tồn tại của người, động vật, vật thể v.v

- 사람이 있어요.
- 나무가 있어요.
- 사장님이 계세요.

Tips

있다 : 계시다
- 집에 동생이 있어요.
- 집에 어머니가 계세요.

★ 예요/이에요

- 대상의 부류나 속성을 지정하여 문장의 서술어가 되게 함.

Chỉ ra phạm trù hay thuộc tính của đối tượng và biến nó thành vị ngữ của câu.

A = B

프엉 = 베트남 사람	프엉 씨는 베트남 사람이에요.
여기 = 사무실	여기는 사무실이에요.
이것 = 사원증	이것이 사원증이에요.

★있다 ↔ 없다

상자 안에 책이 있어요. 공이 없어요.

★이다 ↔ 아니다

상자 안에 공이 있어요.

이것은 농구공이 아니에요. 축구공이에요.

문법 연습2

1. [보기]와 같이 쓰세요.

[보기] 이것은 책상 이에요 . (이에요), 있어요

(1) 저기가 화장실 __________. 이에요, 있어요

(2) 여기에 커피가 __________. 예요, 있어요

(3) 김 대리님이 어디에 __________? 이에요, 있어요

(4) 저 사람이 누구 __________? 예요, 있어요

(5) 이건 뭐 __________? 예요, 있어요

2. [보기]와 같이 대화를 만드세요.

[보기]

가: 사무실이 어디에 있어요?

나: 회의실 옆에 있어요 .

(1)

가: 어느 나라 사람이에요?

나: __________.

(2)

가: 이게 뭐예요?

나: __________.

(3)

가: 누가 김 대리님이에요?

나: __________.

(4)

가: 회의실에 누가 있어요?

나: __________.

대화

프　엉:　대리님, 회의실이 어디에 있어요?

김재호:　회의실은 휴게실 옆에 있어요.

프　엉:　회의실에 컴퓨터가 있어요?

김재호:　아니요, 컴퓨터가 없어요.
노트북을 가지고 가세요.

프　엉:　그럼 노트북은 어디에 있어요?

김재호:　저기에 있어요.

- 가지고 가세요
- 그럼

- 회의실에 [회의시레/훼이시레]
- 없어요 [업써요]

- 휴게실 옆에 뭐가 있습니까?
- 회의실에 노트북이 있습니까?

09 회의 자료를 복사해요

1. 사진에서 사람들이 무엇을 합니까?
2. 여러분은 직장에서 무슨 일을 합니까?

학습 목표

- 직장의 부서에서 하는 일을 이야기할 수 있다.

어휘: 부서명, 동사

문법: -어요/아요, 을/를, 에서

어휘1

부서명

총무팀	홍보팀	재무팀
인사팀	영업팀	구매팀
생산팀	연구개발팀	기술설비팀

- **총무팀**에서 컴퓨터를 줘요.
- **홍보팀**에서 회사 신문을 만들어요.
- **재무팀**은 회사 돈을 관리해요.
- **인사팀**은 직원을 뽑아요.
- **영업팀**은 회사의 물건을 판매해요.
- **생산팀**은 회사의 물건을 생산해요.
- **연구개발팀**은 새로운 물건을 연구해요.
- **기술설비팀**은 기계를 관리해요.

- 관리하다
- 직원
- 뽑다
- 판매하다
- 생산하다
- 연구하다

어휘2

동사

보다

자다

일하다

먹다

만나다

쉬다

운동하다

씻다

커피를 마시다	복사하다	이메일을 보내다/받다
전화를 하다/받다	메모하다	회의하다

- 프엉 씨는 휴게실에서 **커피를 마셔요**.
- 서진수 주임이 자료를 **복사해요**.
- 김재호 대리가 **이메일을 보내요**.
- 짱 씨가 **전화를 받아요**.
- 투안 씨는 재고를 **메모해요**.
- 구매팀은 여기에서 **회의해요**.

- 휴게실
- 자료
- 재고

어휘 연습

1. [보기]와 같이 연결하세요.

[보기]		•	• 먹다
(1)		•	• 일하다
(2)		•	• 만나다
(3)		•	• 자다
(4)		•	• 씻다

2. 빈 칸에 들어갈 말을 골라 쓰세요.

[보기] 인사팀 영업팀 재무팀 연구개발팀

(1) ________ 은 직원을 뽑아요.

(2) ________ 은 회사의 돈을 관리해요.

(3) ________ 은 회사의 물건을 팔아요.

(4) ________ 은 새로운 물건을 만들어요.

문법1

-어요/아요

(동사나 형용사, '이다, 아니다'에 붙어) 말하는 사람의 생각이나 사실에 대해 상대방을 높여서 말할 때 사용한다.

(Gắn vào động từ hoặc tính từ, 'là (이다), không phải là (아니다)') Được dùng khi để cao đối phương về một sự thật hay suy nghĩ của người nói.

- 가: 지금 뭐 해요?
  나: 텔레비전을 봐요.
- 가: 음악을 들어요?
  나: 아니요. 씻어요.
- 프엉 씨는 운동해요.
- 저는 한국어를 공부해요.

Tips

'ㄷ 불규칙'은 'ㄷ'받침으로 끝나는 동사 중 일부가 모음으로 시작하는 어미와 만날 때 받침 'ㄷ'이 'ㄹ'로 바뀌는 것이다.

'Động từ bất quy tắc ㄷ' - Một số động từ kết thúc bằng phụ âm cuối 'ㄷ'khi gặp một đuôi câu bắt đầu bằng một nguyên âm thì phụ âm cuối 'ㄷ'sẽ đổi thành phụ âm 'ㄹ'.

	습니다	-어요
걷다	걷습니다	걷+어요→걸+어요→걸어요
듣다	듣습니다	듣+어요→들+어요→들어요
묻다	묻습니다	묻+어요→물+어요→물어요

ㅏ, ㅗ	-아요	가다	가요
		보다	봐요
		많다	많아요
		높다	높아요
ㅏ, ㅗ 이외	-어요	읽다	읽어요
		마시다	마셔요
		재미있다	재미있어요
		*듣다	*들어요
-하다	해요	일하다	일해요
		운동하다	운동해요
		전화하다	전화해요
		깨끗하다	깨끗해요

문법 연습1

1. [보기]와 같이 쓰세요.

[보기] 

가: 지금 뭐해요?

나: 공부해요 .

(1) 

가: 지금 뭐 해요?

나: ______________________.

(2) 

가: 지금 뭐 해요?

나: ______________________.

(3) 

가: 지금 뭐 해요?

나: ______________________.

(4) 

가: 지금 뭐 해요?

나: ______________________.

2. [보기]와 같이 쓰세요.

[보기] 

가: 프엉 씨가 공부해요?

나: 아니요, 프엉 씨가 자요 .

(1) 

가: 짱 씨가 지금 먹어요?

나: ______________________.

(2) 

가: 기태 씨가 씻어요?

나: ______________________.

(3) 

가: 투안 씨가 회의해요?

나: ______________________.

(4) 

가: 진수 씨가 쉬어요?

나: ______________________.

문법2

을/를

(명사에 붙어) 어떤 행위가 미친 직접적인 대상을 나타낸다. 문장의 목적어임을 나타낼 때 사용한다.

(Gắn vào danh từ) Thể hiện đối tượng chịu ảnh hưởng trực tiếp của một hành vi nào đó. Sử dụng khi nó là bổ ngữ của câu.

- 가: 프엉 씨가 무엇을 마셔요?
  나: 프엉 씨가 커피를 마셔요.
- 가: 주말에 영화를 봐요?
  나: 아니요. 텔레비전을 봐요.
- 저는 게임을 해요.
- 짱 씨가 책을 읽어요.

받침 ○	을	도서관	도서관을
		물	물을
		이메일	이메일을
		총무팀	총무팀을
받침 ×	를	학교	학교를
		초코파이	초코파이를
		복사	복사를
		전화	전화를

문법3

에서

(명사에 붙어) 어떤 행위나 동작이 이루어지고 있는 장소임을 나타낸다.

(Gắn với danh từ) Nói về địa điểm xảy ra hành vi hay động tác nào đó.

- 가: 어디에서 점심을 먹어요?
  나: 식당에서 점심을 먹어요.
- 가: 사무실에서 책을 빌려요?
  나: 아니요. 도서관에서 책을 빌려요.
- 휴게실에서 커피를 마셔요.
- 복도에서 친구를 만나요.

받침 ○	에서	사무실	사무실에서
		식당	식당에서
		휴게실	휴게실에서
		도서관	도서관에서
받침 ×		회사	회사에서
		복도	복도에서
		통근 버스	통근 버스에서
		엘리베이터	엘리베이터에서

문법 연습2

1. [보기]와 같이 알맞은 것을 쓰세요.

[보기] 저는 커피 를 마셔요.

(1) 짱 씨는 한국어 ____ 공부해요.

(2) 저는 지금 텔레비전 ____ 봐요.

(3) 프엉 씨는 오늘 친구 ____ 만나요.

(4) 김 대리는 베트남 책 ____ 읽어요.

(5) 우리는 식당에서 점심 ____ 먹어요.

2. [보기]와 같이 쓰세요.

[보기] 집, 신문, 읽다

→ 집에서 신문을 읽어요.

(1) 휴게실, 콜라, 마시다

→ ____________________.

(2) 도서관, 책, 빌리다

→ ____________________.

(3) 여기, 한국어, 공부하다

→ ____________________.

(4) 식당, 친구, 만나다

→ ____________________.

대화

김재호: 프엉 씨, 뭘 복사해요?

프　엉: 회의 자료를 복사해요.

김재호: 그런데 이건 영업팀 복사기예요.

프　엉: 그래요? 우리 총무팀은 어디에서 복사해요?

김재호: 제 책상 옆에 복사기가 있어요. 거기에서 해요.

프　엉: 네, 알겠습니다.

- 회의 자료
- 복사하다
- 복사기

- 복사해요[복싸해요]
- 책상 옆에[책쌍 여페]

- 여자는 무엇을 합니까?
- 남자는 여자에게 어떤 이야기를 합니까?

10 몇 층에 가요?

1 사람들이 어디에 갑니까?

2 여러분은 오늘 어디에 갑니까?

학습 목표

- 이동에 관한 표현을 알고 사용할 수 있다.
- 한자어 숫자를 읽고 말할 수 있다.

어휘: 이동 동사, 숫자[1]

문법: 에[2], 몇

어휘1

이동 동사

가다

오다

다니다

들어가다

들어오다

나가다

나오다

출발하다

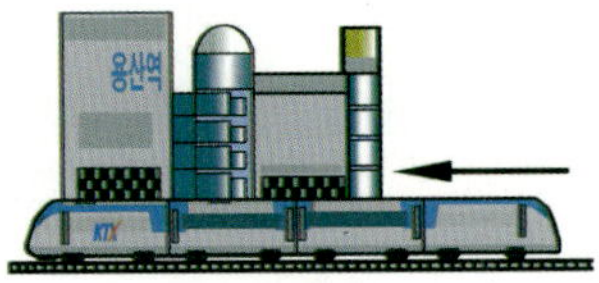

도착하다

- 저는 수영장에 가요.
- 유미 씨도 수영장에 와요.
- 우리는 매일 수영장에 다녀요.
- 제가 먼저 물에 들어가요.
  그리고 수영을 열심히 해요.
- 유미 씨도 물에 들어와요.
- 유미 씨가 먼저 물에서 나가요.
- 저도 물에서 나와요.
- 우리는 수영장에서 출발해요.
- 우리는 같이 회사에 도착해요.

- 수영장
- 매일
- 같이

어휘2

숫자[1]

0	1	2	3	4	5	6	7	8	9	10
영/공	일	이	삼	사	오	육	칠	팔	구	십

20	30	100	1,000	10,000
이십	삼십	백	천	만

152: 백오십이

6714: 육천칠백십사

박기태
010-2645-8739

공일공(에) 이육사오(에) 팔칠삼구

진성 물산
02-3179-2845

공이(에) 삼일칠구(에) 이팔사오

10(십)

50(오십)

100(백)

500(오백)

1,000(천)

5,000(오천)

10,000(만)

50,000(오만)

Tips

* 전화번호에 있는 '-'는 '에'로 발음 합니다. Dấu gạch ngang '-' trong số điện thoại khi đọc đọc thành 'ê'(에)
  예) 010-2645-8739: 공일공에 이육사오에 팔칠삼구
* 0은 '공'이나 '영'으로 읽습니다. Số 0 được đọc là 'kong(공) hoặc 'Young (영)'.
  예) 010-2645-8739: 공일공에 이육사오에 팔칠삼구 = 영일영에 이육사오에 팔칠삼구

어휘 연습

1. 알맞은 말을 [보기]와 같이 쓰세요.

[보기] 가다 도착하다 오다 다니다 들어오다

와요

(1)

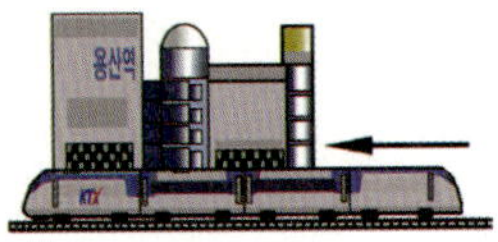

____

(2)

____

(3)

____

(4)

____

2. [보기]와 같이 연결하세요.

[보기]

732	•	• 팔만 칠천오백삼십일
(1) 1509	•	• 칠백삼십이
(2) 6812	•	• 육천팔백십이
(3) 37092	•	• 삼만 칠천구십이
(4) 87531	•	• 천오백구

문법1

에[2]

(명사에 붙어) 행위의 목적지를 나타낼 때 사용한다.

(Gắn vào danh từ) Dùng khi nói về đích đến của hành vi

- 가: 어디에 가요?
  나: 식당에 가요.
- 가: 대학교에 다녀요?
  나: 아니요, 회사에 다녀요.
- 진수 씨가 회의실에 가요.
- 생일 파티에 누가 와요?

Tips

'진수 씨가 회의실에 가요'는 '회의실에 진수 씨가 가요'와 같은 뜻으로 사용할 수 있습니다.

câu 'Anh Jinsu đi đến phòng họp (진수 씨가 회의실에 가요.)' có thể dùng giống như câu 'Anh Jinsu đi đến phòng họp (회의실에 진수 씨가 가요').

진수 씨가 회의실에 가요.
= 회의실에 진수 씨가 가요.

받침 ○	에	식당	식당에
		비품실	비품실에
		총무팀	총무팀에
		생산 라인	생산 라인
받침 ×		회사	회사에
		창고	창고에
		학교	학교에
		기숙사	기숙사에

문법 연습1

1. [보기]와 같이 쓰세요.

[보기] 

가: 어디에 가요?
나: 총무팀에 가요.

(1) 

가: 짱 씨가 어디에 들어가요?
나: .

(2) 

가: 기태 씨가 어디에 가요?
나: .

(3) 

가: 유미 씨가 어디에 다녀요?
나: .

(4) 

가: 프엉 씨가 어디에 도착해요?
나: .

2. [보기]와 같이 쓰세요.

[보기] 

짱 씨, 병원, 가다
→ 짱 씨가 병원에 가요.

(1) 

투안 씨, 식당, 들어오다
→ .

(2) 

유미 씨, 비품실, 가다
→ .

(3) 

프엉 씨, 집, 오다
→ .

(4) 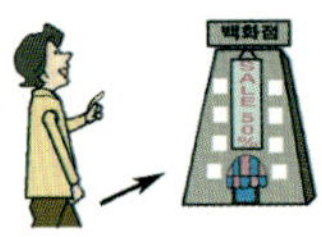

기태 씨, 백화점, 가다
→ .

문법2

몇

(단위 명사에 붙어) 뒤에 오는 단위 명사와 관련된 수를 물을 때 사용한다.
(Gắn vào danh từ chỉ đơn vị) Dùng khi hỏi về số liên quan đến danh từ chỉ đơn vị đi phía sau.

• 가: 식당이 몇 층이에요?
  나: 3층이에요.

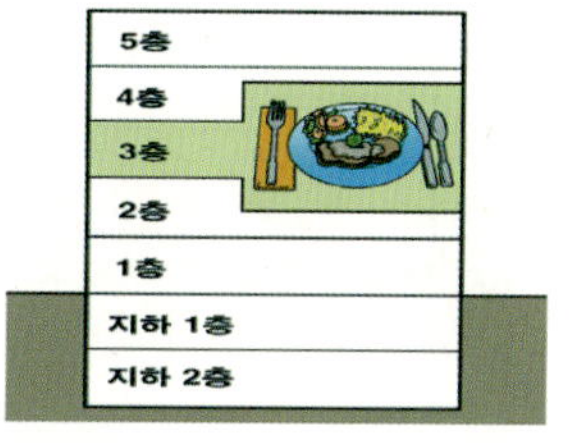

• 가: 프엉 씨가 몇 호에 있어요?
  나: 907호에 있어요.

• 가: 짱 씨 전화번호가 몇 번이에요?
  나: 090-576-3821이에요.

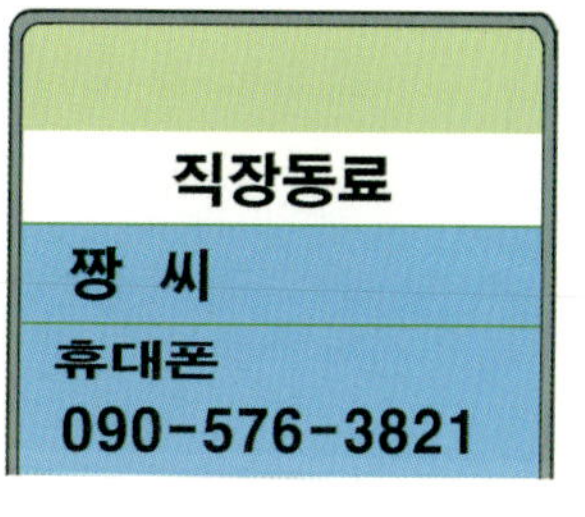

문법 연습2

1. 그림을 보고 [보기]와 같이 알맞은 것을 쓰세요.

[보기] 가: 화장품은 몇 층에서 사요?
나: 1층에서 사요.

미소 백화점 안내도

(1) 가: 식당은 몇 층에 있어요?
나: ________________.

(2) 가: 남자 옷은 몇 층에서 사요?
나: ________________.

(3) 가: 책상은 몇 층에서 사요?
나: ________________.

(4) 가: 극장은 몇 층에 있어요?
나: ________________.

(5) 가: 여자 신발은 몇 층에서 사요?
나: ________________.

2. [보기]와 같이 질문과 대답을 연결하세요.

[보기]

비품실은 몇 호예요?	1층에 있어요.
(1) 몇 층에 가요?	803호에서 일해요.
(2) 전화번호가 몇 번이에요?	3층에 가요.
(3) 식당이 몇 층에 있어요?	205호예요.
(4) 프엉 씨는 몇 호에서 일해요?	090-123-4567이에요.

대화

김재호: 프엉 씨, 몇 층에 가요?

프 엉: 1층이요. 창고에 가요.

김재호: 샘플을 찾아요?

프 엉: 아니요, 복사 용지를 찾아요.

김재호: 복사 용지는 비품실에 있어요.
비품실은 205호예요.

프 엉: 아, 감사합니다.

- 창고
- 샘플
- 복사 용지
- 비품실

- 찾아요[차자요]
- 비품실에[비품시레]

• 여자는 무엇을 찾습니까?

• 남자는 무슨 이야기를 합니까?

11 오늘도 열심히 해 주세요. 파이팅!

1 사람들이 무엇을 하고 있습니까?

2 아침 조회 시간에 무엇을 합니까?

학습 목표

- 날짜 어휘를 알고 격식체의 사용법을 익혀 직장에서 말할 수 있다.

어휘: 날짜, 시간

문법: -습니다/습니까, 과/와, 도

어휘1

날짜

	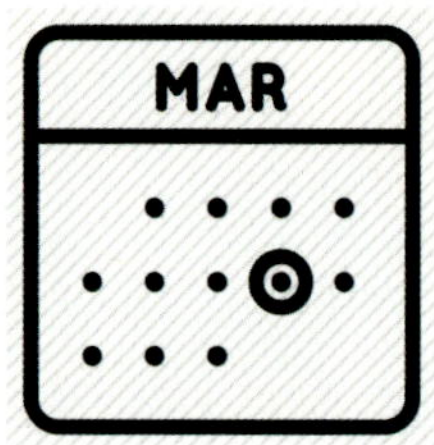		
년	월	일	요일

일월, 이월, 삼월, 사월, 오월, 유월, 칠월, 팔월, 구월, 시월, 십일월, 십이월

일일, 이일, 삼일, 사일, 오일, 육일, 칠일, 팔일, 구일, 십일, 십일일, …, 삼십일, 삼십일일

월요일, 화요일, 수요일, 목요일, 금요일, 토요일, 일요일

작년	올해	내년

지난달	이번 달	다음 달

그저께 — 어제 — 오늘 — 내일 — 모레

- 오늘은 3월 5일 월요일입니다.
- 내년 유월에 베트남에 갑니다.
- 이번 주 금요일에 회식이 있습니다.
- 모레 프엉 씨를 만납니다.

2018년 3월

일	월	화	수	목	금	토	
				1	2	3	지난주
4	5 (오늘)	6	7	8	9	10	이번 주
11	12	13	14	15	16	17	다음 주
18	19	20	21	22	23	24	
25	26	27	28	29	30	31	

어휘2

시간

전에 예전에 옛날에	—	요즘 최근에	—	다음에 나중에
아까	—	지금	—	이따가

- 요즘 케이팝(K-pop)이 유행입니다.
- 전에 한국어를 공부했습니다.
- 나중에 다시 만납시다.
- 아까 회의실에 갔습니다.
- 지금 회의를 합니다.
- 이따가 생산팀에 갑니다.

어휘 연습

1. 빈 칸에 들어갈 말을 골라 쓰세요.

[보기]
월요일, 화요일, 수요일, 목요일, 금요일, 토요일, 일요일

20XX년 10월						
일요일						
				1	2	3
4	5	6	7	8	9	10

2. 빈 칸에 들어갈 말을 골라 쓰세요.

(1) 전에, 요즘, 다음에 : ______ — 요즘 — ______

(2) 최근에, 나중에, 예전에 : 예전에 — ______ — ______

(3) 지금, 아까, 이따가 : ______ — ______ — 이따가

(4) 내년, 작년, 올해 : ______ — 올해 — ______

(5) 지난주, 다음 주, 이번 주 : 지난주 — ______ — ______

(6) 어제, 오늘, 그저께, 모레, 내일
: ______ — ______ — 오늘 — ______ — ______

문법1

-습니다/습니까

(동사나 형용사, '이다, 아니다'에 붙어) 동작이나 상태, 사실을 설명함을 나타낸다. 격식적인 상황에서 말하는 사람이 듣는 사람에게 현재의 상황이나 동작에 대해 정중하게 설명할 때 사용한다.

(Gắn vào động từ hay tính từ, 'là (이다), không phải là (아니다)') để giải thích cho động tác, trạng thái, sự thật. Dùng khi người nói giải thích một cách nghiêm túc về tình huống hoặc động tác ở thì hiện tại với người nghe trong hoàn cảnh có tính chất trang trọng.

- 가: 회사에 갑니까?
  나: 네, 회사에 갑니다.
- 가: 무엇을 읽습니까?
  나: 설명서를 읽습니다.
- 회사가 좋습니다.
- 저는 기숙사에 삽니다.

받침 ○	-습니다	먹다	먹습니다
		읽다	읽습니다
		좋다	좋습니다
		많다	많습니다
받침 ×	-ㅂ니다	가다	갑니다
		오다	옵니다
		예쁘다	예쁩니다
		아니다	아닙니다

문법 연습1

1. [보기]와 같이 쓰세요.

[보기] 밥 / 먹다 가: 무엇을 합니까?
나: 밥을 먹습니다.

(1) 회사 / 가다 가: 프엉이 무엇을 합니까?
나: ______.

(2) 밥 / 먹다 가: 투안이 무엇을 합니까?
나: ______.

(3) 물건 / 확인하다 가: 왕유가 무엇을 합니까?
나: ______.

(4) 음악 / 듣다 가: 유미가 무엇을 합니까?
나: ______.

2. [보기]와 같이 쓰세요.

[보기] 가: 오늘 일이 많습니까?
나: 아니요. 적습니다.

(1) 가: 일이 어렵습니까?
나: 아니요. ______.

(2) 가: 버스 요금이 ______?
나: 아니요. 쌉니다.

(3) 가: 회사가 가깝습니까?
나: 아니요. ______.

(4) 가: 회사가 어떻습니까?
나: ______.

문법2

과/와

(명사에 붙어) 사물이나 사람을 같은 자격으로 이어 주는 뜻을 나타낸다. 앞뒤 명사를 함께 묶어 가리킬 때 사용한다.

(Gắn vào danh từ) Thể hiện ý nghĩa nối tiếp sự vật hay người với cùng một tư cách. Dùng khi cùng nói đến cả danh từ phía trước và phía sau.

- 가: 사무실에 누가 있습니까?
  나: 프엉 씨와 투안 씨가 있습니다.
- 가: 사무실에 무엇이 있습니까?
  나: 책상과 의자가 있습니다.
- 오늘과 내일 야근이 있습니다.
- 다음 주에 하노이와 호치민에 갑니다.

받침 ○	과	김 과장, 이 과장	김 과장과 이 과장
		베트남, 한국	베트남과 한국
		태국 사람, 일본 사람	태국 사람과 일본 사람
		사장님, 부장님	사장님과 부장님
받침 ×	와	프엉 씨, 투안 씨	프엉 씨와 투안씨
		캄보디아, 라오스	캄보디아와 라오스
		캐나다, 미국	캐나다와 미국
		김 대리, 이 대리	김 대리와 이 대리

문법3

도

(명사에 붙어) 이미 어떤 것이 포함되고 그 위에 더함의 뜻을 나타낸다.

(Gắn vào sau danh từ) Dùng khi nói đã bao gồm một việc nào đó và thêm vào đó việc khác nữa.

- 가: 저는 베트남 사람입니다.
  나: 저도 베트남 사람입니다.
- 가: 사무실에 무엇이 있습니까?
  나: 컴퓨터가 있습니다.
  에어컨도 있습니다.
- 오늘도 열심히 일합니다.
- 제 책상에도 컴퓨터가 있습니다.

Tips

프엉도 베트남 사람입니다.
○

재호가도 한국 사람입니다.
×

'이/가'와 '도'는 같이 쓰지 않음

받침 ○	도	김 과장	김 과장도
		베트남	베트남도
		태국 사람	태국 사람도
		사장님	사장님도
받침 ×		프엉 씨	프엉 씨도
		캄보디아	캄보디아도
		캐나다	캐나다도
		김 대리	김 대리도

문법 연습2

1. [보기]와 같이 알맞은 것을 쓰세요.

[보기]	저와 프엉 씨는 베트남 사람입니다.

(1) 마트에서 빵 ______ 우유를 삽니다.

(2) 저는 삼겹살 ______ 냉면을 좋아합니다.

(3) 다음 주에 하노이 ______ 다낭에 갑니다.

(4) 투안 씨 ______ 기태 씨가 재고를 확인합니다.

(5) 사무실에 김 과장님 ______ 이 대리님이 있습니다.

2. [보기]와 같이 대화를 만드세요.

[보기] 가: 사무실에 무엇이 있습니까?
나: (컴퓨터 / 복사기) 컴퓨터가 있습니다. 그리고 복사기도 있습니다.

(1) 가: 식당에 누가 있습니까?

나: (투안 / 프엉) 투안이 있습니다. 그리고 ______.

(2) 가: 어디가 아픕니까?

나: (배 / 머리) 배가 아픕니다. 그리고 ______.

(3) 가: 언제 야근을 합니까?

나: (목요일 / 금요일) ______.

(4) 가: 날씨가 어떻습니까?

나: (춥다 / 비) 춥습니다. 그리고 ______.

(5) 가: 회사 사람들이 어떻습니까?

나: (친절하다 / 일) ______.

대화

최동진: 3월 16일 금요일 아침 조회를 시작하겠습니다.
오늘 자재가 들어옵니다.
입고 확인은 기태 씨와 투안 씨가 합니다.

기태, 투안: 네, 알겠습니다.

최동진: 그리고 오늘 짱 씨는 작업 라인이 변경됩니다.
짱 씨는 5번 라인에서 일합니다.
자, 오늘도 열심히 해 주세요. 파이팅!

- 조회
- 자재
- 들어오다
- 입고 확인
- 작업 라인
- 변경되다
- 그리고
- 조회를 시작하겠습니다
- 파이팅

- 지금은 무슨 시간입니까?
- 짱 씨는 오늘 어디에서 일합니까?

- 시작하겠습니다 [시자카겓씀니다]
- 입고[입꼬]
- 변경됩니다[변경됨니다]

12 자재가 몇 상자 있어요?

1 사람들이 무엇을 하고 있습니까?

2 한국어로 숫자를 말해 봅시다.

학습 목표

• 수량 어휘와 분류사를 알고 상황에 맞게 물건의 수를 셀 수 있다.

어휘: 숫자², 단위 명사

문법: 숫자 세기, 한테, 에³

어휘1

숫자2

1	2	3	4	5	6
하나	둘	셋	넷	다섯	여섯

7	8	9	10	11	12
일곱	여덟	아홉	열	열하나	열둘

20	30	40	50	60	70	80	90	100
스물	서른	마흔	쉰	예순	일흔	여든	아흔	백

다섯 개 　　스물아홉 살 　　여섯 명

- 저는 스물아홉 살입니다.
- 재고가 서른 개 있습니다.
- 우리 팀원은 모두 여섯 명입니다.
- 우리 할아버지는 여든 다섯 살입니다.
- 닭이 쉰 두 마리 있습니다.

어휘2

단위 명사

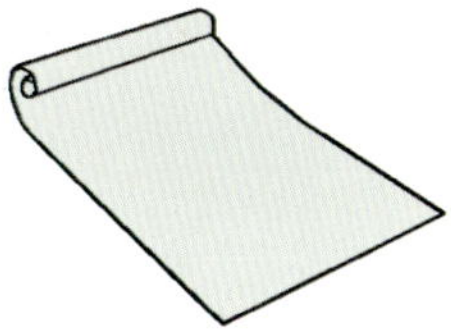

한 장

한 대

한 상자

한 통

한 권

한 잔

한 병

한 그릇

한 벌

한 켤레

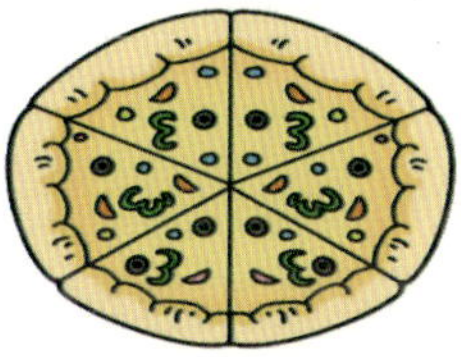

한 판

한 조각

한 송이

한 그루

한 마리

한 번

어휘 연습

1. 다음 숫자를 보고 쓰세요.

1	2	3	4	5
하나				
6	7	8	9	10
	일곱			
11	12	13	14	15
			열넷	
20	30	40	50	60
		마흔		
70	80	90	100	101
				백하나

2. [보기]와 같이 연결하세요.

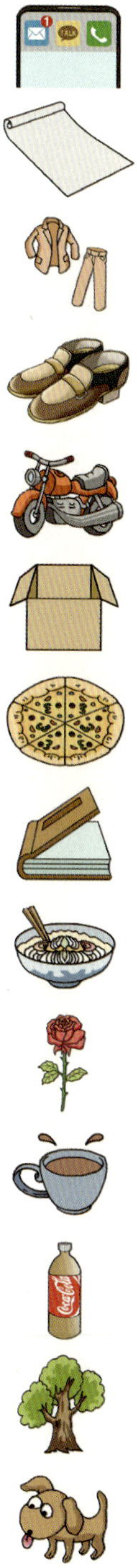

한

- 잔
- 송이
- 병
- 그루
- 마리
- 그릇
- 장
- 통
- 벌
- 대
- 켤레
- 판
- 상자
- 권

문법1

숫자 세기

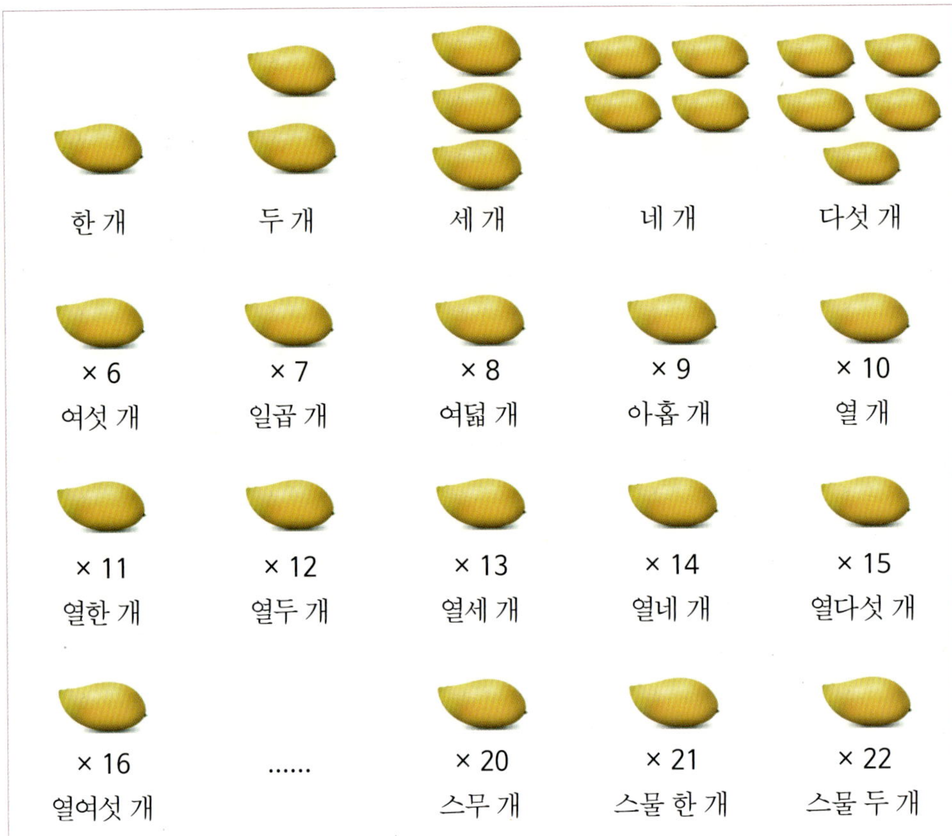

- 가: 서류가 몇 장입니까?
  나: 서류는 세 장입니다.
- 가: 자재가 몇 상자 있습니까?
  나: 자재가 서른 네 상자 있습니다.
- 오토바이가 두 대 있습니다.
- 우리 회사의 직원은 모두 스무 명입니다.

Tips

한 개
두 개
세 개
네 개

문법 연습1

1. [보기]와 같이 쓰세요.

> [보기] 마트 / 망고 / 2 / 사다
> 마트에서 망고를 두 개 삽니다.

(1) 옷가게 / 바지 / 4 / 사다

______________________.

(2) 혼자 / 피자 / 1 / 먹다

______________________.

(3) 우리집 / 강아지 / 3 / 키우다

______________________.

(4) 오늘 / 이메일 / 5 / 보내다

______________________.

2. [보기]와 같이 쓰세요.

> [보기] 가: 나이가 어떻게 됩니까?
> 나: (26) 저는 스물 여섯 살입니다.

(1) 가: 하루에 커피를 몇 잔 마십니까?

나: (3) 저는 ______________________.

(2) 가: 집에 구두가 몇 켤레 있습니까?

나: (5) 집에 ______________________.

(3) 가: 옷장에 청바지가 있습니까?

나: (4) 네, 옷장에 ______________________.

(4) 가: 책을 몇 권 읽습니까?

나: (2) ______________________.

문법2

한테

(명사에 붙어) 사람이나 동물이 행위의 영향을 받는 대상임을 나타낼 때 사용한다. 주로 구어에서 사용한다.

(Gắn vào danh từ) Dùng khi nói người hay động vật là đối tượng chịu sự ảnh hưởng của hành vi. Chủ yếu dùng trong văn nói.

- 가: 투안 씨한테 재고 확인서가 있어요?
  나: 네, 저한테 있어요.
- 가: 프엉 씨한테 전화를 했어요?
  나: 네, 프엉 씨한테 전화를 했어요.
- 저한테 서류가 없습니다.
- 투안 씨한테 서류를 줬습니다.

Tips

- 한테 : 말하기 상황에서 많이 사용 **"저한테 주세요."**
- 에게 : 쓰기에서 많이 사용 **"거래처 직원에게 보냅니다."**

<table>
<tr><td rowspan="4">받침 ○</td><td rowspan="8">한테</td><td>김 과장</td><td>김 과장한테</td></tr>
<tr><td>이 과장</td><td>이 과장한테</td></tr>
<tr><td>사장님</td><td>사장님한테</td></tr>
<tr><td>부장님</td><td>부장님한테</td></tr>
<tr><td rowspan="4">받침 ×</td><td>프엉 씨</td><td>프엉 씨한테</td></tr>
<tr><td>투안 씨</td><td>투안 씨한테</td></tr>
<tr><td>김 대리</td><td>김 대리한테</td></tr>
<tr><td>이 대리</td><td>이 대리한테</td></tr>
</table>

문법3

에[3]

(명사에 붙어) 셈을 하거나 값을 매길 때 기준이 되는 단위임을 나타낼 때 사용한다.

(Gắn vào danh từ) Dùng khi nói về đơn vị chuẩn khi đếm hoặc tính giá tiền.

- 가: 쌀국수 한 그릇에 얼마예요?
  나: 한 그릇에 17,000동이에요.
- 가: 한국에서 커피 한 잔에 얼마예요?
  나: 보통 한 잔에 4,500원이에요.
- 가: 망고는 어떻게 팔아요?
  나: 10개에 10만 동이에요.
- 서른 네 상자에 3,000만 동입니다.
- 기숙사는 한 달에 30만 원입니다.

문법 연습2

1. [보기]와 같이 알맞은 것을 쓰세요.

[보기] 서류 / 투안 (○) / 프엉 (×)

가: 서류가 누구한테 있습니까?
나: 서류가 투안한테 있습니다.

(1) 가위 / 프엉 (○) / 투안 (×)
가: 가위가 누구한테 있습니까?
나: ______________.

(2) 가방 / 유미 (○) / 기태 (×)
가: 가방이 누구한테 있습니까?
나: ______________.

(3) 공 / 기태 (○) / 투안 (×)
가: 공이 누구한테 있습니까?
나: ______________.

(4) 휴대폰 / 프엉 (○) / 유미 (×)
가: ______________?
나: 프엉한테 핸드폰이 있습니다.

2. [보기]와 같이 대화를 만드세요.

[보기]  10,000동

가: 짜조 한 그릇에 얼마예요?
나: 짜조 한 그릇에 만 동이에요.

(1) 3,000,000원 
가: 오토바이 ________에 얼마예요?
나: 오토바이 ________에 ________이에요.

(2) 15,000동 
가: 커피 ________에 얼마예요?
나: 커피 ________에 ________이에요.

(3) 3,000원 
가: 양말 ________에 얼마예요?
나: 양말 ________에 ________이에요.

(4) 40,000동 
가: 장미 ________에 얼마예요?
나: 장미 ________에 ________이에요.

(5) 720,000동 
가: 피자가 모두 얼마예요?
나: 피자가 ________에 ________이에요.

대화

박기태: 투안 씨, 자재가 모두 몇 상자 있어요?

투 안: 서른 네 상자 있어요.

박기태: 네? 서른 상자 아니에요?

투 안: 오늘 입고는 서른 상자예요.
그리고 재고가 네 상자 있어요.

박기태: 아, 그렇군요. 그런데 입고 확인서가
투안 씨한테 있어요?

투 안: 네, 저한테 있어요.

박기태: 입고 자재의 총액은 얼마예요?

투 안: 서른 상자에 삼천만 동이에요.

- 상자
- 재고
- 입고 확인서
- 그런데
- 총액
- (아), 그렇군요.
- 파이팅

- 그렇군요
[그러쿠뇨/그러쿤뇨]

- 두 사람은 지금 무엇을 합니까?
- 재고는 모두 몇 상자입니까?

13 열 시에 회의가 있어요

1. 직장에서 매일 몇 시에 일을 시작합니까?
2. 직장에서 회의를 합니까? 언제입니까?

학습 목표

- 시간을 표현할 때 필요한 어휘와 문법을 사용하여 시간을 묻고 대답할 수 있다.

어휘: 시간, 매/마다

문법: 에[4], 만

어휘1

시간

1	한	시	일	분	일	초
2	두		이		이	
3	세		삼		삼	
4	네		사		사	
5	다섯		오		오	
6	여섯		육		육	
7	일곱		칠		칠	
8	여덟		팔		팔	
9	아홉		구		구	
10	열		십		십	
11	열한		십일		십일	
12	열두		십이		십이	
…			…		…	
60			육십		육십	

- 회의가 몇 시예요?
- 점심시간은 열두 시입니다.
- 오후 네 시 반에 재고를 확인해요.

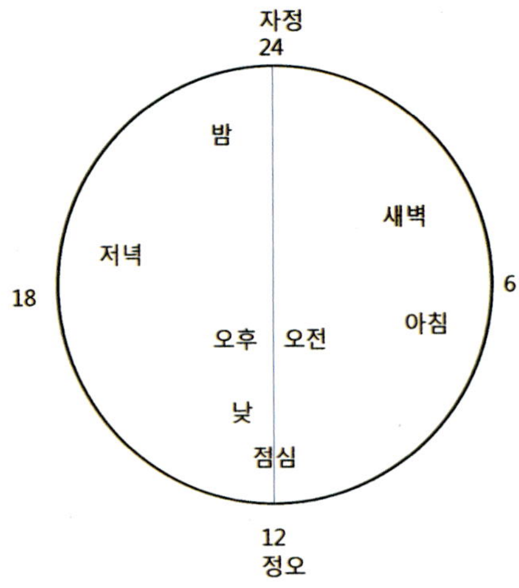

Tips

1시 30분 = 1시 반

2시 50분 = 3시 10분 전

3시 55분 = 4시 5분 전

어휘2

매/마다

매	마다
매일	날마다
매일 아침	아침마다
매주	주마다
매주 일요일	일요일마다
매달/매월	달마다/월마다
매년	해마다
매년 봄	봄마다

- 매주 토요일에 축구를 해요.
- 월요일마다 회의가 있어요.
- 매일 아침 커피를 마셔요.
- 매일 회사에서 일해요.
- 주말마다 부모님을 만납니다.
- 매월 마지막 날에 은행에 갑니다.

어휘 연습

1. [보기]와 같이 쓰세요.

[보기]

두 시 십오 분

____

____

____

____

____

____

____

____

2. [보기]와 같이 쓰세요.

[보기] 일요일/기타를 배우다 : 매주 일요일에 기타를 배워요.
= 일요일마다 기타를 배워요.

(1) 저녁/ 약을 먹다: ________ 에 약을 먹어요.
= ________ 약을 먹어요.

(2) 설날/ 고향에 가다: ________ 에 고향에 가요.
= ________ 고향에 가요.

(3) 일요일/ 친구를 만나다: ________ 에 친구를 만나요.
= ________ 친구를 만나요.

(4) 생일/ 파티를 하다: ________ 에 파티를 해요.
= ________ 파티를 해요.

문법1

에[4]

(명사에 붙어) 어떤 동작이나 행위, 상태가 일어나는 시간이나 때를 나타낼 때 사용한다.

(Gắn vào danh từ) Dùng khi nói về thời gian hay thời điểm xảy ra động tác, hành vi hay trạng thái nào đó.

- 가: 다음 주 토요일에 뭘 해요?
  나: 영화를 봐요.
- 가: 오늘 친구를 몇 시에 만나요?
  나: 저녁 일곱 시에 만나요.
- 아침 여덟 시에 일을 시작해요.
- 한국에서는 설날에 떡국을 먹어요.

문법 연습1

1. [보기]와 같이 쓰세요.

[보기]

최 주임님은 아침에 운동을 해요.

(1) 

투안 씨는 ________________.

(2) 

유미 씨는 ________________.

(3) 

기태 씨는 ________________.

(4) 

김 과장님은 ________________.

2. [보기]와 같이 대화를 만드세요.

[보기] 가: 몇 시에 일어나요?

나: 아침 여섯 시에 일어나요.

(1) 가: 몇 시에 저녁을 먹어요?

나: ________________.

(2) 가: 몇 시에 퇴근해요?

나: ________________.

(3) 가: 언제 일을 시작해요?

나: ________________.

(4) 가: 언제 여행을 가요?

나: ________________.

문법2

만

(명사 뒤에 붙어) 다른 모든 것을 배제하며 오직 그것만 선택하여 한정함을 나타낼 때 사용한다.

(Gắn vào sau danh từ) Dùng khi nói về việc loại trừ tất cả các thứ khác chỉ lựa chọn một cái đó và hạn định như vậy.

- 가: 투안 씨, 내일 회의가 있어요?
  나: 아니요. 오늘만 회의를 해요.
- 가: 1층하고 2층에 식당이 있어요?
  나: 아니요. 1층에만 있어요.
- 저는 일요일에만 쉬어요.
- 지금 유미 씨한테만 노트북이 있어요.

명사	만	컴퓨터만, 휴대폰만
(장소)에		여기에만, 사무실에만
(장소)에서		회사에서만, 집에서만
(시간)에		5시에만, 오후에만, 휴식 시간에만, 토요일에만
(사람)한테/에게		저한테만, 대리님한테만, ○○ 씨에게만, 선생님에게만

★ '은/는', '이/가', '을/를' → '만'

예) 저는만 한국 사람입니다. (×) 저만 한국 사람입니다. (○)
시계가만 있어요. (×) 시계만 있어요. (○)
일을만 해요. (×) 일만 해요. (○)

★ '에', '에서', '한테(에게)' → '에만', '에서만', '한테만(에게만)'

예) 오전에만 쉬어요. 회사에만 가요.
회사에서만 일해요. 저한테만 있어요.

문법 연습2

1. [보기]와 같이 알맞은 것을 쓰세요.

[보기] 매일 물을 마셔요. → 매일 물만 마셔요.

(1) 저한테 사원증이 있어요.

→ 저한테 ________ 있어요.

(2) 밤에 책을 읽어요.

→ 밤에 ________ 읽어요.

(3) 오늘 거래처 직원을 만나요.

→ 오늘 ________.

(4) 제가 회사에 가요.

→ ________.

2. [보기]와 같이 대화를 만드세요.

[보기] 가: 매일 회의를 해요?
나: 아니요, (오늘 오전) 오늘 오전에만 회의를 해요.

(1) 가: 빔프로젝트가 회의실마다 있어요?

나: 아니요, (106호) ________.

(2) 가: 매년 휴가에 산에 가요?

나: 아니요, (바다) ________.

(3) 가: 노트북이 프엉 씨한테 있어요?

나: 아니요, (김 과장님) ________.

(4) 가: 짱 씨는 매일 3번 라인에서 일해요?

나: 아니요, (오늘 오후) ________.

(5) 가: 토요일과 일요일에 배구를 해요?

나: 아니요, (일요일) ________.

대화

투　안: 오늘 오전에 회의가 있어요?

박기태: 네, 열 시에 회의가 있어요.

투　안: 매일 오전에 회의를 해요?

박기태: 아니요. 매주 월요일에만 해요.
그런데 지금 몇 시예요?

투　안: 아홉 시 사십 분이에요.

박기태: 아, 그래요? 빨리 가야겠어요.

- 회의 시간
- 빨리 가야겠어요

- 몇 시[멷 씨]
- 가야겠어요 [가야겓써요]

- 오늘 몇 시에 회의가 있습니까?
- 매일 회의를 합니까?

14 이제 어둡지 않아요

1 101호 사무실은 어떻습니까? 사무실이 좁습니까?

2 204호 사무실은 어떻습니까? 사람이 적습니까?

학습 목표

- 상태를 표현할 수 있다.
- 부정을 표현하는 문법을 사용하여 말할 수 있다.

어휘: 형용사, ㅂ 불규칙

문법: -지 않다, 안

어휘1

형용사

크다

작다

많다

적다

길다

짧다

높다

낮다

밝다

어둡다

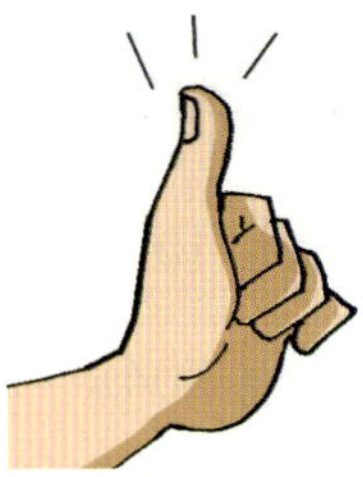
좋다

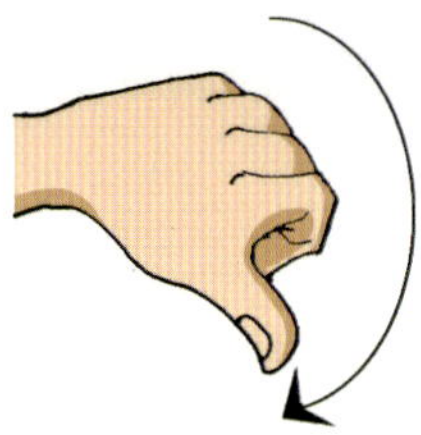
나쁘다

쉽다

어렵다

가볍다

무겁다

어휘2

ㅂ 불규칙

- ㅂ 받침 + 모음(아, 어, 으 …) = ㅂ → ㅜ

예) 덥다: 덥+어요 → 더+우+어요 → 더워요
춥다: 춥+어요 → 추+우+어요 → 추워요

★ [보기]와 같이 다음 빈 칸에 알맞은 단어를 쓰세요.

	ㅂ 받침		어요/아요
[보기]	덥다	→	**더워요**
1	쉽다	→	
2	어렵다	→	
3	가볍다	→	
4	무겁다	→	
5	어둡다	→	
6	아름답다	→	
7	굽다	→	
8	입다	→	
9	좁다	→	
10	잡다	→	

어휘 연습

1. 그림을 보고 다음 문장을 완성하십시오.

[보기]

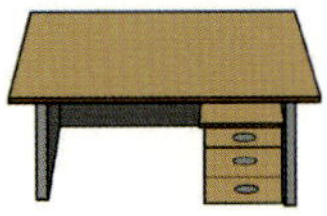

책상이 커요.

(1)

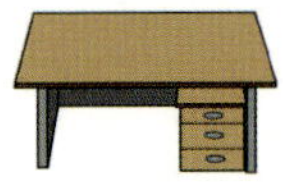

책상이 ______.

(2)

바지가 ______.

(3)

바지가 ______.

(4)

월요일에 사람이 ______.

(5)

토요일에 사람이 ______.

2. [보기]와 같이 대화를 완성하세요.

[보기] 일 / 쉽다 → 일이 쉬워요.

(1) 사무실/ 덥다 → ______.

(2) 창고/ 어둡다 → ______.

(3) 가방/ 무겁다 → ______.

(4) 그림/ 아름답다 → ______.

문법1

-지 않다

(동사나 형용사에 붙어) 앞부분의 어떤 행위 및 상태를 부정하거나 행위를 할 의지가 없음을 나타낸다. 행위나 상태를 단순하게 부정하거나 의도적으로 행위를 하지 않을 때 주로 사용한다.

(Gắn vào sau động từ hoặc tính từ) Thể hiện sự phủ định hoặc không có ý định sẽ thực hiện hành vi hoặc trạng thái nào đó ở phía trước. Sử dụng chủ yếu khi đơn thuần phủ định hoặc không chủ định thực hiện hành vi hay trạng thái nào đó.

- 가: 프엉 씨, 머리가 아파요?
  나: 아니요, 오늘은 아프지 않아요.
- 가: 강당에 사람이 많습니까?
  나: 아니요, 많지 않습니다.
- 토요일에는 회사에 가지 않아요.
- 유미 씨는 버스에서 음악을 듣지 않습니다.

★ '있다', '없다', '이다' 뒤에 '-지 않다'를 붙여 쓰지 않는다.
있지 않다(×) → 없다(○)
없지 않다(×) → 있다(○)
책상이지 않다(×) → 책상이 아니다(○)

문법 연습1

1. [보기]와 같이 쓰세요.

[보기]

아이가 울지 않아요.

(1) 

날씨가 ________

(2) 

모자를 ________

(3) 

밥을 ________

(4) 

책을 ________

(5) 

투안 씨가 ________

2. [보기]와 같이 대화를 완성하세요.

[보기] 가: 가방이 작아요?
나: 아니요, 작지 않아요.

(1) 가: 밖에 비가 와요?
나: 아니요, ______________________.

(2) 가: 오늘 바빠요?
나: 아니요, ______________________.

(3) 가: 일이 힘듭니까?
나: 아니요, ______________________.

(4) 가: 상자가 무거워요?
나: 아니요, ______________________.

문법2

안

(동사나 형용사에 붙어) 어떤 행위 및 상태를 부정하거나 행위를 할 의지가 없음을 나타낸다. 행위나 상태를 단순하게 부정하거나 의도적으로 행위를 하지 않을 때 주로 사용한다.

(Gắn vào trước động từ hoặc tính từ) Thể hiện sự phủ định hoặc không có ý định sẽ thực hiện hành vi hoặc trạng thái nào đó ở phía trước. Sử dụng chủ yếu khi đơn thuần phủ định hoặc không chủ định thực hiện hành vi hay trạng thái nào đó.

- 가: 박 대리님은 오토바이를 타요?
  나: 아니요, 오토바이를 안 타요.
- 가: 내일도 회의해요?
  나: 아니요, 내일은 회의 안 해요.
- 여기는 안 조용해요. 시끄러워요.
- 저는 술을 안 마셔요. 담배도 안 피워요.

★ '명사+하다' 동사는 명사와 '하다' 사이에 '안'을 써야 한다.

예) 안 일해요(×) 일 안 해요(○)
안 전화해요(×) 전화 안 해요(○)

★ 단, '하다' 형용사는 형용사 앞에 '안'을 쓴다.

예) 안 깨끗해요(○) 깨끗 안 해요(×)
안 행복해요(○) 행복 안 해요(×)

문법 연습2

1. [보기]와 같이 쓰세요.

[보기] 가지 않습니다 → 안 가요.

(1) 먹지 않습니다 → ______.

(2) 바쁘지 않습니다 → ______.

(3) 춥지 않습니다 → ______.

(4) 청소하지 않습니다 → ______.

2. [보기]와 같이 대화를 만드세요.

[보기]
가: 사무실이 깨끗합니까?
나: 아니요, 안 깨끗해요.

(1) 가: 한국어가 어렵습니까?
나: 아니요, ______.

(2) 가: 길이 넓습니까?
나: 아니요, ______.

(3) 가: 커피가 비싸요?
나: 아니요, ______.

(4) 가: 버스가 조용합니까?
나: 아니요, ______.

(5) 가: 영어를 공부합니까?
나: 아니요, ______.

(6) 가: 투안 씨가 전화를 해요?
나: 아니요, ______.

대화

투　안: 이 회의실은 아주 넓어요. 오늘 직원들이 많이 모여요?

박기태: 네, 오늘 회의에 사람이 많이 와요.

투　안: 그런데 회의실이 좀 어두워요.

박기태: 그래요? 제가 불을 켤게요. 지금은 어때요?

투　안: 이제 어둡지 않아요. 고마워요.

박기태: 아니에요.

- 아주
- 직원+들
- 많이
- 모이다
- 제가 불을 켤게요
- 이제
- 고마워요
- 아니에요

- 회의실이 어떻습니까?
- 오늘 회의에 사람이 많이 모입니까?

- 넓어요[널버요]
- 많이[마니]
- 켤게요[켤께요]
- 어둡지 않아요 [어둡찌 아나요]

15 그다음에 포장팀에 작업을 하러 갔어요

1 투안은 오전에 뭘 해요? 오후에는 뭘 해요? 저녁에는 뭘 해요?

2 여러분은 하루를 어떻게 보내요?

학습 목표

- 순서를 설명할 때 사용하는 어휘를 사용하여 말할 수 있다.
- 과거의 일을 표현하는 문법을 사용할 수 있다.
- 이동의 목적을 표현하는 문법을 사용할 수 있다.

어휘: 순서, 르 불규칙

문법: -었어요/았어요, -(으)러 가다

어휘1

순서

먼저		처음에
(그)다음에(는)	그러고 나서	그 후에(는)
마지막에는 마지막으로		끝으로

- 아침에 **먼저** 세수를 합니다. **그다음에는** 아침 식사를 합니다.
- 회사에서 **먼저** 조회를 해요. **그러고 나서** 일을 시작해요.
- **처음에** 컴퓨터를 켜요. **그다음에** 파일을 열어요.
  그 후에는 출력을 눌러요. **마지막으로** 파일을 닫아요.

- 세수를 하다
- 식사를 하다
- 켜다
- 파일을 열다
- 출력
- 누르다
- 파일을 닫다

어휘2

르 불규칙

• 르 + 어/아 = ㄹ 받침 + 러/라

예) 빠르다: 빠르+아요 → 빨라요

부르다: 부르+어요 → 불러요

★ [보기]와 같이 다음 빈 칸에 알맞은 단어를 쓰세요.

동사/형용사			어요/아요	(스)ㅂ니다
[보기]	빠르다	→	**빨라요**	**빠릅니다**
1	다르다	→		
2	자르다	→		
3	모르다	→		
4	고르다	→		
5	오르다	→		
6	부르다	→		
7	흐르다	→		
8	누르다	→		

어휘 연습

1. [보기]에서 알맞은 단어를 한 번씩만 골라 문장을 완성하십시오.

[보기]
마지막으로　먼저　그 후에　처음에
그다음에　그러고 나서　끝으로

저는 아침 6시30분에 일어납니다. 먼저 세수를 합니다.

(1) ______ 아침을 먹습니다. (2) ______ 이를 닦습니다.

(3) ______ 옷을 입습니다. (4) ______ 집에서 나갑니다.

2. [보기]와 같이 문장을 완성하십시오.

[보기]
그 사람 / 모르다 → 그 사람을 몰라요.

(1) 비행기/ 빠르다 → ______.

(2) 부서/ 다르다 → ______.

(3) 노래/ 부르다 → ______.

(4) 종이/ 자르다 → ______.

(5) 버튼/ 누르다 → ______.

(6) 물/ 흐르다 → ______.

문법1

-었어요/았어요

(동사나 형용사, '이다, 아니다'에 붙어) 과거에 발생한 상황이나 사건을 나타낼 때 사용한다.

(Gắn sau động từ hoặc tính từ, '이다' (là), '아니다' (không phải là)) Sử dụng khi nói về một tình huống hay sự việc đã thực hiện trong quá khứ.

- 가: 프엉 씨, 주말에 뭘 했어요?
  나: 집에서 쉬었어요. 어제 너무 피곤했어요.
- 가: 어제 사람이 많았습니까?
  나: 아니요, 많지 않았습니다. 적었습니다.
- 어제는 회사에 안 왔습니다.
- 유미 씨는 작년에 베트남에 왔어요.

ㅏ, ㅗ		-았어요 (-았습니다)	가다	갔어요	갔습니다
			높다	높았어요	높았습니다
			보다	봤어요	봤습니다
ㅏ, ㅗ 이외		-었어요 (-었습니다)	읽다	읽었어요	읽었습니다
			마시다	마셨어요	마셨습니다
			주다	줬어요	줬습니다
			*걷다	걸었어요	걸었습니다
			*춥다	추웠어요	추웠습니다
			*부르다	불렀어요	불렀습니다
-하다		-했어요 (-했습니다)	일하다	일했어요	일했습니다
			행복하다	행복했어요	행복했습니다
이다	받침○	이었어요 (이었습니다)	과장	과장이었어요	과장이었습니다
	받침×	였어요 (였습니다)	대리	대리였어요	대리였습니다
아니다		-었어요 (-었습니다)		아니었어요	아니었습니다

문법 연습1

1. [보기]와 같이 쓰세요.

[보기] 어제 저녁/친구/만나다 → 어제 저녁에 친구를 만났어요.

(1) 아까/과장님/보다 → ______.

(2) 지난 주말/책/읽다 → ______.

(3) 작년/생산팀/일하다 → ______.

(4) 어젯밤/공원/걷다 → ______.

2. [보기]와 같이 쓰세요.

[보기]

어제 회사에서 회의를 했어요.

(1)

주말에 ______.

(2)

아까 ______.

(3)

어제 ______.

(4)

아침에 ______.

(5)

지난주에 ______.

문법2

-(으)러 가다

(동사에 붙어) 뒤 절에 나오는 이동의 목적을 나타낸다. 앞 절의 행동을 하기 위해 이동함을 나타낼 때 사용한다.

(Gắn sau động từ) Thể hiện mục đích của việc di chuyển xuất hiện trong vế sau. Sử dụng khi thể hiện rằng việc di chuyển là để thực hiện hành động ở vế trước.

- 가: 지금 어디에 가요?
  나: 돈을 찾으러 은행에 가요.
- 가: 누구를 만나러 오셨습니까?
  나: 사장님을 만나러 왔습니다.
- 손을 씻으러 화장실에 갔어요.
- 요즘 수영장에 수영을 배우러 다녀요.

받침 ○	- 으러 가다	씻다	씻으러 가다
		*굽다	구우러 가다
		*묻다	물으러 가다
받침 ×	- 러 가다	일하다	일하러 가다
		쓰다	쓰러 가다
		자르다	자르러 가다
ㄹ 받침		놀다	놀러 가다
		만들다	만들러 가다

★ '(장소)에'는 '-(으)러' 앞에 써도 되고 뒤에 써도 된다.

Đối với địa điểm, dùng '-(으)러' trước hay sau đều được.

(장소)에	-(으)러	가다/오다/다니다
-(으)러	(장소)에	가다/오다/다니다

• 일하러 회사에 가요 = 회사에 일하러 가요

• 커피를 마시러 휴게실에 왔어요 = 휴게실에 커피를 마시러 왔어요

★ 과거 '-었-'과 함께 사용할 수 없다.

Không thể dùng cùng với thì quá khứ '-었-'.

• 축구를 했으러 운동장에 갔어요.(×)

• 축구를 하러 운동장에 갔어요.(○)

★ 앞에 '가다, 오다, 다니다' 등 이동을 나타내는 동사가 올 수 없다.

Phía trước có thể sử dụng các động từ chuyển động như 'đi (가다), đến (오다), lui tới (다니다)'.

• 김 대리는 한국에 가러 공항에 가요. (×)

• 저는 밖에 나가러 갔어요. (×)

★ 앞 절과 뒤 절의 주어가 같아야 하며, 뒤 절의 주어는 흔히 생략해서 쓸 수 있다.

Chủ ngữ của vế trước và vế sau phải giống nhau và chủ ngữ của vế sau thường được lược bỏ.

• 프엉 씨가 점심을 먹으러 투안 씨가 식당에 갔어요. (×)

• 프엉 씨가 점심을 먹으러 (프엉 씨가) 식당에 갔어요. (○)

문법 연습2

1. [보기]와 같이 쓰세요.

[보기] 배구를 배우다/운동장에 가다
→ 배구를 배우러 운동장에 갔어요.

(1) 샘플을 찾다/창고에 가다 → ______________.

(2) 약을 사다/약국에 오다 → ______________.

(3) 생선을 굽다/부엌에 가다 → ______________.

(4) 쉬다/집에 오다 → ______________.

2. [보기]와 같이 대화를 만드세요.

[보기] 가: 식당에 왜 가요?
나: 점심을 먹으러 가요.

(1) 가: 김 대리님, 왜 백화점에 갑니까?
나 : ______________.

(2) 가: 투안 씨, 바다에 왜 가요?
나 : ______________.

(3) 가: 프엉 씨, 창고에 왜 옵니까?
나 : ______________.

(4) 가: 뭘 하러 3층에 갔어요?
나 : ______________.

(5) 가: 주차장에 뭘 하러 왔습니까?
나 : ______________.

대화

박기태: 투안 씨, 어제 일이 많았어요?

투 안: 어제 저는 엄청 바빴어요. 먼저 오전에 1번 라인에서 작업을 했어요. 그러고 나서 오후에는 창고에서 자재를 확인했어요. 그다음에 포장팀에 작업을 하러 갔어요. 거기에서 박스를 잘랐어요.

박기태: 아이구, 그랬어요? 힘들지 않았어요?

투 안: 조금 힘들었어요. 하지만 괜찮았어요.

- 엄청
- 박스
- 작업을 하다
- 자재를 확인하다
- 포장팀
- 힘들다
- 아이구
- 그랬어요?

- 괜찮았어요 [괜차낟써요]

- 투안 씨는 어제 오전에 뭘 했습니까?
- 투안 씨는 어제 힘들었습니까?

16 점심을 많이 드세요

1 사람들이 무엇을 하고 있습니까?

2 여러분 회사의 점심시간은 언제입니까?

학습 목표

- 구내식당에서 사용하는 어휘를 알고 표현할 수 있다.
- 시간의 경과를 나타내는 표현을 알고 말할 수 있다.

어휘: 식기, 구내식당

문법: … 부터 … 까지, 한테서

어휘1

식기

숟가락

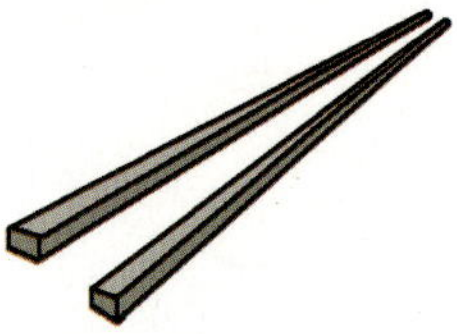
젓가락

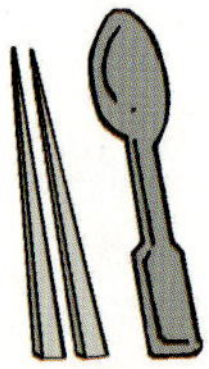
수저

포크

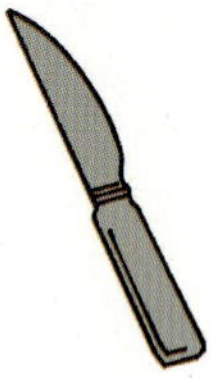
칼

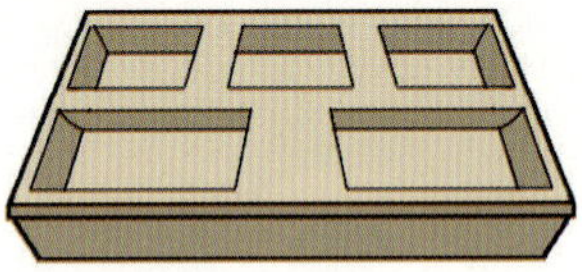
식판

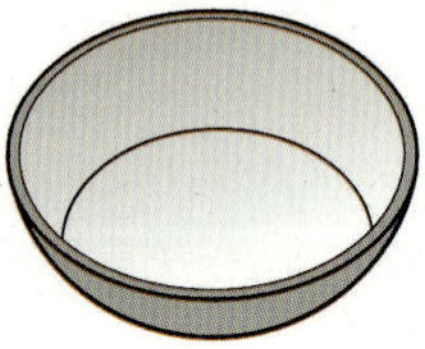
그릇

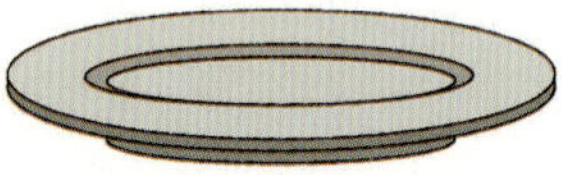
접시

설거지

- 한국 사람들은 **숟가락**과 **젓가락**으로 밥을 먹습니다.
- 미국 사람들은 **칼**과 **포크**를 사용합니다.
- 구내식당에서는 **식판**을 사용합니다.
- 쌀국수를 **그릇**에 담습니다. 과일은 **접시**에 담습니다.
- 밥을 먹고 **설거지**를 합니다.

어휘2

구내식당

식권

배식

자율 배식

배식구

퇴식구

음수대

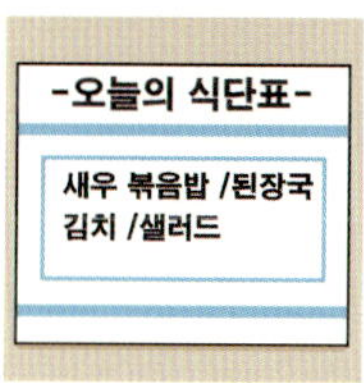

식단/식단을 짜다

영양사

조리사

- 식권을 내고 **배식**을 받습니다.
- 반찬은 **자율 배식**입니다.
- 식사하고 **퇴식구**에 식판을 반납합니다.
- **음수대**에서 물을 마십니다.
- **영양사**가 **식단을 짜고 조리사**가 음식을 만듭니다.

어휘 연습

1. [보기]와 같이 연결하세요.

[보기]

(1)		수저
(2)	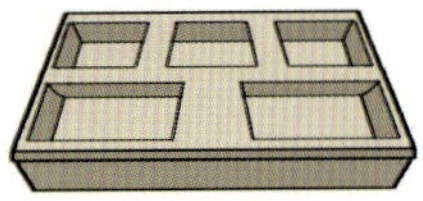	포크
(3)		칼
(4)		그릇
(5)		숟가락
(6)		접시
(7)	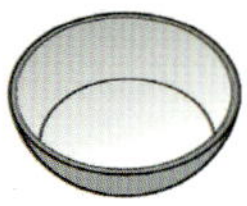	젓가락
(8)	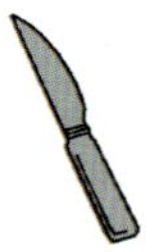	식판
(9)		설거지

2. [보기]에서 빈 칸에 들어갈 말을 골라 쓰세요.

> [보기]
>
> 식권 배식구 배식 음수대 퇴식구

_______ 에 갑니다.

→

_______ 을 냅니다.

→

_______ 을 받습니다.

→

반찬을 담습니다.

밥을 먹습니다.

→

_______ 에 식판을 반납합니다.

→

_______ 에 갑니다. 물을 마십니다.

→

배가 부릅니다.

문법1

… 부터 … 까지

(시간을 나타내는 명사에 붙어) 어떤 동작이나 상태가 시작되어 끝나는 시간을 나타낸다.

(Gắn vào danh từ chỉ thời gian) Thể hiện thời gian bắt đầu và kết thúc của một động tác hay trạng thái nào đó.

- 가: 점심시간이 언제부터 언제까지입니까?
  나: 12시부터 1시까지입니다.
- 가: 오전에 무엇을 했어요?
  나: 오전 9시부터 12시까지 자재를 확인했어요.
- 2시부터 3시까지 회의가 있습니다.
- 아침부터 저녁까지 비가 왔습니다.

Tips

13:00~17:00
1시부터 5시까지
4시간 일을 해요.

… 부터 … 까지	언제 ~ 언제	언제부터 언제까지
	9시 ~ 12시	9시부터 12시까지
	아침 ~ 저녁	아침부터 저녁까지
	5월 ~ 10월	5월부터 10월까지

문법 연습1

1. [보기]와 같이 쓰세요.

[보기] 오전 근무시간 가: 오전 근무시간은 언제입니까?
오전 9:00~12:00 나: 오전 근무시간은 오전 아홉시부터 열 두시까지입니다.

(1) 점심시간 가: 점심시간은 언제입니까?
12:00~13:00 나: 점심시간은 ______________ 입니다.

(2) 오후 근무시간 가: 오후 근무시간은 언제입니까?
13:00~15:00 나: 오후 근무시간은 ______________ 입니다.

(3) 은행 업무시간 가: 베트남 은행은 아침에 몇 시부터 합니까?
7:30~16:30 나: 베트남 은행은 아침 ______________ 합니다.

(4) 백화점 세일 가: 백화점 세일 기간이 언제예요?
12.20~1.5 나: ______________.

2. [보기]와 같이 쓰세요.

[보기] 18:00~21:00 가 : 어제 야근을 얼마나 했어요?
나 : 어제 야근을 세 시간 했어요.

(1) 21:00~7:00 가 : 어제 많이 잤어요?
나 : 네, 어제 ______________ 잤어요.

(2) 19:00~21:00 가 : 운동을 많이 해요?
나 : 네, 날마다 ______________ 해요.

(3) 7:30~8:30 가 : 집에서 회사가 멀어요?
나 : 네. 통근 버스로 ______________ 걸려요.

(4) 9:00~13:00 가 : 한국어를 몇 시간 공부해요?
14:00~18:00 나 : 오전에 ________, 오후에 ________ 공부해요.

문법2

한테서

(명사에 붙어) 어떤 행위가 나온 출처나 어떤 행위가 비롯되는 대상임을 나타낸다. 어떤 사람이나 동물로부터 주어진 행위가 시작됨을 나타낼 때 사용하며 주로 구어에서 사용된다.

(Gắn sau danh từ) Thể hiện xuất xứ của hành vi hoặc đối tượng làm xuất hiện hành vi nào đó. Dùng khi nói về một hành động của người, hoặc động vật và chủ yếu được dùng trong văn nói.

- 가: 누구한테서 편지를 받았습니까?
  나: 친구한테서 편지를 받았습니다.
- 가: 누구한테서 그 말을 들었어요?
  나: 김 대리한테서 들었어요.
- 주임님한테서 일을 많이 받았어요.
- 선배한테서 아이디어를 얻었어요.

받침 ○	한테서	김 과장	김 과장한테서
		동생	동생한테서
		거래처 직원	거래처 직원한테서
		부장님	부장님한테서
받침 ×		프엉 씨	프엉 씨한테서
		누나	누나한테서
		친구	친구한테서
		이 대리	이 대리한테서

문법 연습2

1. [보기]와 같이 쓰세요.

[보기]	김 대리가 투안 씨한테 서류를 줍니다. → 투안 씨는 김 대리한테서 서류를 받습니다.

(1) 부모님이 저한테 소포를 보냈습니다.

→ ______________________.

(2) 김 과장이 투안에게 이야기를 했습니다.

→ ______________________.

(3) 최 주임이 투안에게 입고 확인서를 줬습니다.

→ ______________________.

(4) 선배가 짱한테 엑셀을 가르칩니다.

→ ______________________.

2. [보기]와 같이 쓰세요.

[보기]	작년 생일 친구 / 손수건	작년 생일에 친구한테서 손수건을 받았습니다.

(1) 오전
거래처 직원 / 이메일 → ______________________.

(2) 매일
한국어 선생님 / 한국어 → ______________________.

(3) 크리스마스
남자 친구 / 반지 → ______________________.

(4) 어제
친구 / 결혼 이야기 → ______________________.

대화

투 안: 아, 배가 고파요.

박기태: 투안 씨, 오전에 일이 많았어요?

투 안: 네, 주임님한테서 일을 많이 받았어요. 아홉 시부터 지금까지 계속 자재를 확인했어요.

박기태: 그래요? 점심을 많이 드세요. 그리고 힘내요. 자, 여기 숟가락하고 젓가락이요.

투 안: 네, 고마워요.

- 계속
- 힘내다
- 숟가락
- 젓가락
- 알려 줘서 고마워요.
- 알려 주셔서 감사합니다.

- 많았어요 [마나써요/마날써요]
- 숟가락 [숟까락]
- 젓가락 [젇까락]

• 지금은 무슨 시간입니까?

• 투안 씨는 오전에 무슨 일을 했습니까?

17 무슨 음식을 좋아해요?

1 사람들이 무엇을 하고 있습니까?

2 회사 식당의 음식은 어떻습니까?

학습 목표

- 음식과 맛을 나타내는 어휘를 알고 표현할 수 있다.
- 좋아하는 음식에 대해 묻고 답할 수 있다.

어휘: 음식, 맛

문법: 무슨, 하고

어휘1

음식

반미

분짜

쌀국수

짜조/넴

컴승

반쎄오

고이 꾸온

쩨

불고기

비빔밥

삼겹살

삼계탕

된장찌개

김밥

라면

김치

1인분	주문하다	시키다

- 친구와 **김밥**을 만들었습니다.
- 여기 **삼겹살 2인분**하고 **된장찌개** 주세요.
- 한국식당에서 **불고기**와 **비빔밥**을 먹었습니다.
- 베트남 사람들은 아침에 **반미**를 많이 먹습니다.
- 점심에 **분짜**하고 **쌀국수**를 먹었습니다. 그리고 **쩨**도 먹었습니다.
- 식당에서 **짜조**와 **고이 꾸온**을 **주문했습니다**. 그리고 맥주도 **시켰습니다**.

어휘2

맛

짜다

달다

시다

맵다

쓰다

싱겁다

느끼하다

담백하다

고소하다

- 사탕이 **달아요**. 약은 **써요**.
- 된장찌개가 **짜요**. 김치찌개가 **매워요**.
- 레몬이 **셔요**.
- 삼계탕은 국물이 **담백해요**.
- 음식에 기름이 많아요. **느끼해요**.
- 음식에 깨를 넣어요. **고소해요**.
- 음식이 **싱거워요**. 소금이 필요해요.

어휘 연습

1. [보기]와 같이 연결하세요.

[보기]

(1)		•	•	삼계탕
(2)		•	•	분짜
(3)		•	•	김치찌개
(4)		•	•	비빔밥
(5)		•	•	짜조
(6)		•	•	불고기
(7)		•	•	포
(8)		•	•	삼겹살

2. [보기]에서 빈 칸에 들어갈 말을 골라 쓰세요.

[보기]
짜다　달다　시다　맵다　쓰다　싱겁다　담백하다

(1) 

소금 좀 주세요. 음식이 ________________.

(2) 
망고가 안 익었어요. 맛이 ________________.

(3) 
사탕이 정말 맛있어요. 진짜 ________________.

(4) 
사탕 한 개 주세요. 약이 ________________.

(5) 
물 좀 주세요. 찌개가 너무 ________________.

(6) 
저는 삼계탕을 좋아해요. 국물이 ________________.

문법1

무슨

(명사 앞에 쓰여) 어떤 종류인지를 물어볼 때 사용한다.

(Dùng trước danh từ) Dùng khi hỏi về chủng loại nào đó.

- 가: 무슨 음식을 자주 먹어요?
  나: 저는 삼겹살하고 된장찌개를 자주 먹어요.
- 가: 무슨 과일을 좋아해요?
  나: 저는 망고를 좋아해요.
- 투안 씨는 회사에서 무슨 일을 해요?
- 프엉 씨, 지금 무슨 영화를 봐요?

	무슨		무슨
	무슨 음식		무슨 과일
	무슨 야채		무슨 일
	무슨 운동		무슨 음악
	무슨 꽃		무슨 사전
	무슨 동물		무슨 작업

문법 연습1

1. [보기]와 같이 쓰세요.

[보기] 가: 무슨 음식을 좋아해요?
나: 저는 불고기를 좋아해요.

(1) 가: 오전에 ______________ 했어요?
나: 재고 확인 작업을 했어요.

(2) 가: 투안 씨는 ______________ 좋아해요?
나: 저는 액션 영화를 좋아해요.

(3) 가: 저건 ______________?
나: 저건 베트남어 사전이에요.

(4) 가: 요즘에 ______________ 맛있어요?
나: 요즘에는 망고가 맛있어요.

2. [보기]와 같이 쓰세요.

[보기] 가 : 한국에서는 설날에 무슨 음식을 먹어요?
나 : 설날에 떡국을 먹어요.

(1) 가 : 프엉 씨는 ______________ 자주 들어요?
나 : 저는 댄스 음악을 자주 들어요.

(2) 가 : 와, 예쁘네요. 이건 ______________?
나 : 이 꽃은 히비스커스예요.

(3) 가 : 투안 씨는 회사에서 ______________ 해요?
나 : 저는 생산팀에서 물건을 만들어요.

(4) 가 : 베트남에서 사람들한테 ______________ 인기가 많아요?
나 : 베트남에서 축구가 사람들한테 인기가 많아요.

문법2

하고

(명사에 붙어) 사물이나 사람을 같은 자격으로 이어 주는 뜻을 나타낸다. 앞뒤 명사 모두를 가리킬 때 사용한다. 주로 구어에서 사용한다.

(Gắn vào danh từ) Thể hiện ý nghĩa sự vật hoặc người được liên kết với cùng một vai trò. Dùng khi nói đến tất cả danh từ trước và sau. Chủ yếu dùng trong văn nói.

- 가: 사무실에 뭐가 있어요?
  나: 책상하고 의자가 있어요.
- 가: 거래처에 누가 갔어요?
  나: 박기태 씨하고 투안 씨가 갔어요.
- 분짜하고 쌀국수를 시켜요.
- 저는 불고기하고 비빔밥을 좋아해요.
- 저는 점심을 팀원들하고 같이 먹어요.

Tips

가: 편의점에서 무엇을 샀어요?
나: 빵하고 라면을 샀어요.
빵이랑 라면을 샀어요.

'하고' 대신에 '(이)랑'을 쓸 수 있어요.

받침 ○	하고	김 과장, 투안	김 과장하고 투안
		거래처 직원, 기태	거래처 직원하고 기태
		삼겹살, 김치	삼겹살하고 김치
		책상, 의자	책상하고 의자
받침 ×		이 대리, 투안	이 대리하고 투안
		유미 씨, 짱 씨	유미 씨하고 짱 씨
		분짜, 짜조	분짜하고 짜조
		복사기, 컴퓨터	복사기하고 컴퓨터

★ '하고'가 (명사에 붙어) 어떤 행위나 동작을 함께 하는 대상을 나타내는 경우도 있다. 이 경우 누구 또는 무엇과 같이 어떤 행위를 함을 가리킬 때 사용한다.

'하고' Cũng có trường hợp dung khi nói đến đối tượng cùng thực hiện một động tác hoặc một hành vi nào đó. Trong trường hợp này, sử dụng khi nói đến một hành vi nào đó được thực hiện cùng với ai hoặc cái gì.

저는 점심을 팀원들하고 같이 먹어요.

거래처 직원하고 회의가 있었어요.

문법 연습2

1. [보기]와 같이 쓰세요.

[보기] 사무실에 있다, 복사기, 컴퓨터
→ 사무실에 복사기하고 컴퓨터가 있어요.

(1) 점심에 먹다, 김밥, 라면
→ ______________________.

(2) 거래처에 갔다, 투안, 기태
→ ______________________.

(3) 마트에서 샀다, 망고, 수박
→ ______________________.

(4) 주말, 영화를 보다, 회사 동료, 같이
→ ______________________.

2. [보기]와 대화를 만드세요.

[보기] 불고기, 김치
가 : 점심에 무엇을 먹었어요?
나 : 점심에 불고기하고 김치찌개를 먹었어요.

(1) 기태, 투안
가 : 프엉 씨, 식당에서 누구 만났어요?
나 : ______________________.

(2) 다낭, 호이안
가 : 이번 휴가에 어디에 가요?
나 : ______________________.

(3) 김밥, 라면
가 : 프엉 씨, 뭐 시켰어요?
나 : ______________________. 괜찮죠?

(4) 유미
가 : 프엉 씨, 점심을 누구하고 같이 먹었어요?
나 : ______________________.

대화

박기태: 프엉 씨는 무슨 음식을 좋아해요?

프 엉: 저는 비빔밥을 좋아해요. 그래서 자주 먹어요.

박기태: 그래요? 비빔밥이 맵지 않아요?

프 엉: 아니요. 맛있어요. 기태 씨는 무슨 음식을 좋아해요?

박기태: 저는 다 잘 먹어요. 하하.

프 엉: 그래요? 그럼 다음에 팀원들하고 같이 비빔밥을 먹으러 가요.

- 비빔밥
- 그래서
- 같이
- 다 잘 먹어요.

- 맵지 않아요[맵찌 아나요]
- 같이[가치]

- 지금은 무슨 시간입니까?
- 프엉은 무슨 음식을 좋아합니까?
- 기태는 무슨 음식을 좋아합니까?

18 저는 친구들이랑 노래방에 가고 싶어요

1 이 사람들의 취미는 뭐예요?

2 여러분은 시간이 있을 때 뭘 해요?

학습 목표

- 소망이나 바람을 표현할 수 있다.
- 어떤 일에 대한 능력을 표현할 수 있다.

어휘: 장소^{2}, 취미

문법: -고 싶다, -(으)ㄹ 수 있다/없다

어휘1

장소^{2}

대사관

박물관

볼링장

기차역

편의점

PC방

공연장

커피숍

꽃집

제과점

백화점

전자상가

- 한국 비자를 받으러 **대사관**에 갔어요. 대사관은 하노이 **기차역**에서 가까워요.
- **박물관**에는 옛날 물건이 많아요.
- **편의점**하고 **PC방**은 24시간 문을 열어요.
- **공연장**에서 콘서트를 봤어요. 그리고 친구와 **커피숍**에서 차를 마셨어요.
- 유미 씨 생일이에요. 저는 **꽃집**에서 꽃을 사고 **제과점**에서 케이크를 사요. 우리는 같이 볼링장에도 갈 거예요.
- 컴퓨터는 **전자상가**에서 사세요. **백화점**은 비싸요.

- 비자
- 옛날
- 24시간
- 문을 열다
- 케이크

어휘2

취미

치다

기타 치기

피아노 치기

배드민턴 치기

볼링 치기

타다

자전거 타기

말 타기

스키 타기

스케이트 타기

하다

수영하기

농구하기

요리하기

여행하기

- 제 취미는 배드민턴 치기예요.
- 제 취미는 볼링이에요.
- 저는 말 타기를 좋아해요.
- 제 취미는 여행하기예요. 주말마다 가까운 곳에 여행을 가요.

어휘 연습

1. [보기]와 같이 연결하세요.

[보기]		• —— 박물관	• 공연장
(1)		•	• 대사관
(2)		•	• 제과점
(3)		•	• 박물관
(4)		•	• 편의점

2. 빈 칸에 들어갈 말을 골라 쓰세요.

[보기] 스케이트 타기 피아노 치기 요리하기 자전거 타기

(1) 제 취미는 ______________ 예요. 맛있는 음식을 만들고 가족들과 같이 먹어요.

(2) 저는 ______________ 를 좋아해요. 10살 때부터 음악을 좋아했어요.

(3) ______________ 가 제 취미예요. 얼음 위에서 재미있게 놀아요.

(4) 제 취미는 ______________ 예요. 내일도 공원에서 탈 거예요.

문법1

-고 싶다

(동사에 붙어) 말하는 사람이 하기 원하거나 바라는 것을 나타낸다. 계획이나 취향과 같은 주제로 원하는 것을 말할 때 주로 사용한다.

(Gắn vào động từ)Thể hiện điều mong muốn hoặc hi vọng của người nói. Sử dụng chủ yếu khi nói về những điều mong muốn như các chủ đề về kế hoạch và sở thích.

- 가: 주말에 뭐 하고 싶어요?
  나: 친구랑 영화 보러 가고 싶어요.
- 가: 어느 나라에서 살고 싶어요?
  나: 저는 베트남에서 살고 싶어요.
- 오늘 저녁에 집에서 책을 읽고 싶어요.
- 저는 요즘 한국 노래하고 춤을 배우고 싶어요.

받침 ○	-고 싶다	읽다	읽고 싶다
		걷다	걷고 싶다
		만들다	만들고 싶다
받침 ×		가다	가고 싶다
		마시다	마시고 싶다
		운동하다	운동하고 싶다

★ 형용사와 결합하지 않는다.

Thể hiện mong ước của người nói chứ không phải là người khác.

예) 저는 크고 싶어요. (×)

예쁘고 싶어요. (×)

줄리 씨, 친절하고 싶어요? (×)

★ 다른 사람이 아닌 말하는 사람의 바람을 나타낸다. 다른 사람의 바람을 나타낼 때는 '-고 싶어 하다'를 사용한다.

Khi muốn thể hiện mong ước của người khác thì dùng '-고 싶어 하다'.

예) 프엉 씨는 서울에 가고 싶어요. (×)

프엉 씨는 서울에 가고 싶어 해요. (○)

문법 연습1

1. [보기]와 같이 쓰세요.

[보기] 오늘 저녁/쌀국수/먹다 → <u>오늘 저녁에 쌀국수를 먹고 싶어요.</u>

(1) 내일/친구/만나다

→ ______________________________.

(2) 다음 주/고향/가다

→ ______________________________.

(3) 주말/컴퓨터 게임/하다

→ ______________________________.

(4) 내년/태국/여행하다

→ ______________________________.

2. [보기]와 같이 쓰세요.

[보기]

자고 싶어요.

(1)

______________.

(2)

______________.

(3)

______________.

(4)

______________.

(5)

______________.

문법2

-(으)ㄹ 수 있다/없다

(동사에 붙어) 어떤 일을 할 수 있는 능력이 있음을 나타낸다.

(Gắn vào động từ) Thể hiện việc có năng lực có thể làm một việc nào đó.

- 가: 한국어를 할 수 있어요?
  나: 네, 조금 할 수 있어요.
- 가: 불고기를 만들 수 있어요?
  나: 아니요, 불고기를 만들 수 없어요.
- 저는 김치를 먹을 수 없어요. 김치는 너무 매워요.
- 저는 한국 노래를 부를 수 있어요. 매일 한국 노래를 들어요.

받침 ○	-을 수 있다/없다	찾다	찾을 수 있다/없다
		먹다	먹을 수 있다/없다
		*듣다	*들을 수 있다/없다
받침 ×	-ㄹ 수 있다/없다	쓰다	쓸 수 있다/없다
		부르다	부를 수 있다/없다
		말하다	말할 수 있다/없다
ㄹ 받침		*놀다	*놀 수 있다/없다
		*만들다	*만들 수 있다/없다

문법 연습2

1. [보기]와 같이 쓰세요.

[보기]	스케이트/타다 → 스케이트를 탈 수 있어요.

(1) 배드민턴/치다

→ ______________________.

(2) 쌀국수/만들다

→ ______________________.

(3) 한국어 책/읽다

→ ______________________.

(4) 다른 나라 말/하다

→ ______________________.

2. [보기]와 같이 쓰세요.

[보기]  O

자전거를 탈 수 있어요.

(1)  X

______________________.

(2)  O

______________________.

(3)  O

______________________.

(4)  X

______________________.

(5)  O

______________________.

대화

투 안: 유미 씨, 이번 주말에 뭐 해요?

유 미: 집에서 쉬고 싶어요. 투안 씨는요?

투 안: 저는 친구들이랑 노래방에 가고 싶어요.

유 미: 투안 씨, 노래를 잘 불러요?

투 안: 그럼요. 저는 가수 담빈흥(Dam Vinh Hung) 같아요.
한국 노래도 잘 부를 수 있어요.

유 미: 정말요? 저도 투안 씨 노래를 듣고 싶어요.

- 노래를 부르다
- 노래방
- 담빈흥(Dam Vinj Hung)
- 잘 부르다

- 쉬고 싶어요[쉬고시퍼요]
- 같아요[가타요]
- 부를 수 있어요 [부를쑤이써요]

- 유미 씨는 이번 주말에 무엇을 하고 싶어 합니까?
- 투안 씨는 무엇을 잘할 수 있습니까?

19 일주일 동안 다낭에서 쉴 거예요

1 이 사람들은 무엇을 하고 있습니까?

2 여러분은 어떤 휴가를 보내고 싶습니까?

학습 목표

- 미래의 계획이나 의도를 표현할 수 있다.
- 제안을 하거나 상대방의 의견을 물을 수 있다.

어휘: 여행지, 교통

문법: -(으)ㄹ 거예요, -(으)ㄹ까요[1], 동안

어휘1

여행지

산

바다

강

폭포

동굴

섬

온천

사원

유적지

맛집

놀이공원

영화/드라마 촬영지

• **산** 위에서 바다를 봐요. **바다**가 아름다워요.
• 어제 **강**에서 낚시를 했어요.
• **폭포**에서 물이 떨어져요.
• 푸꾸옥(Phú Quốc) **섬**은 유명해요. 섬에 **동굴**도 있어요.
• 냐짱(Nha Trang) **온천**에 여행을 갈 거예요.
• 뽀나가르(Ponagar) **사원**은 유명한 **유적지**예요.
• 여행지에서 **맛집**을 찾았어요. 또 가고 싶어요.
• **놀이공원**에서 회전목마를 탔어요.
• **드라마 촬영지**에서 유명한 배우를 만났어요.

- 낚시
- 떨어지다
- 유명하다
- 회전목마
- 배우

어휘2

교통

기차

지하철

버스

택시

배

비행기

오토바이

승용차

타다

내리다

갈아타다

걸어서 가다

- **기차**로 나짱(Nha Trang)에 가요.
- **지하철**에서 **내렸어요**. 그리고 **버스**로 **갈아탔어요**.
- 어제는 늦잠을 잤어요. 그래서 **택시**를 **탔어요**.
- **승용차**로 메콩강에 갔어요. 메콩강에서 **배**를 탔어요.
- 베트남에 **오토바이**가 많아요.
- 한국에 **비행기**로 가요.
- 저는 회사에 **걸어서 가요**.

- 로/으로
- 을/를 타다
- 에서 내리다
- 로 갈아타다

어휘 연습

1. [보기]와 같이 연결하세요.

[보기]  • — • 폭포

(1)  •

(2)  •

(3)  •

(4)  •

• 온천

• 놀이공원

• 섬

• 폭포

• 동굴

2. 빈 칸에 들어갈 말을 골라 쓰세요.

[보기] 갈아타요 내려요 타요 걸어서 가요

(1) 회사와 집은 아주 가까워요. 그래서 저는 회사에 ____________.

(2) 버스에서 내려요. 그러고 나서 지하철로 ____________.

(3) 한국 인천 공항에 도착했어요. 저는 비행기에서 ____________.

(4) 친구가 승용차를 샀어요. 저는 오늘 친구 차를 ____________.

문법1

-(으)ㄹ 거예요

(동사에 붙어) 미래의 계획이나 의도를 나타낼 때 사용한다.

(Gắn với động từ) Dùng khi thể hiện kế hoạch hoặc ý định trong tương lai.

- 가: 주말에 뭐 할 거예요?
  나: 공원에서 산책을 할 거예요.
- 가: 내일 집에서 쉴 거예요?
  나: 아니요. 내일 공연장에 갈 거예요.
- 다음에는 떡볶이를 만들 거예요.
- 오늘 저녁에 책을 읽을 거예요.

받침 ○	-을 거예요	먹다	먹을 거예요
		읽다	읽을 거예요
		*듣다	*들을 거예요
받침 ×	-ㄹ 거예요	일하다	일할 거예요
		쉬다	쉴 거예요
		부르다	부를 거예요
ㄹ 받침		*살다	*살 거예요
		*놀다	*놀 거예요
		*만들다	*만들 거예요

★ 격식적인 상황에서는 '-(으)ㄹ 것입니다' 또는 '-(으)ㄹ 겁니다'를 사용한다.

Trong tình huống có tính trang trọng thì dùng '-(으)ㄹ 것입니다' hoặc '-(으)ㄹ 겁니다'.

문법 연습1

1. [보기]와 같이 쓰세요.

[보기] 오늘 밤/노래방/한국 노래/부르다
→ 오늘 밤에 노래방에서 한국 노래를 부를 거예요.

(1) 이번 주말/커피숍/친구/만나다
→

(2) 다음 달/한국 식당/생일파티/하다
→

(3) 내일/집/책/읽다
→

(4) 다음 주/친구 집/불고기/만들다
→

2. [보기]와 같이 쓰세요.

[보기]

저녁에 음악을 들을 거예요.

(1)

주말에

(2)

내일

(3)

점심 때

(4)

친구에게

(5)

내일부터

문법2

-(으)ㄹ까요[1]

(동사에 붙어) 듣는 사람에게 앞으로 할 일을 제안하며 의견이나 생각을 물어볼 때 사용한다.

(Gắn vào động từ) Dùng khi đưa ra đề nghị với người nghe là sắp tới sẽ làm việc gì đó và dùng khi hỏi ý kiến hoặc suy nghĩ của người nghe.

- 가: 우리 내일 영화 보러 갈까요?
  나: 좋아요. 몇 시에 만날까요?
- 가: 오늘은 인도 음식을 먹을까요?
  나: 음…. 저는 오늘 베트남 음식을 먹고 싶어요.
- 오후에 공원에서 산책할까요?
- 주말에 비빔밥을 만들까요?

받침 ○	-을까요	먹다	먹을까요
		읽다	읽을까요
		*걷다	*걸을까요
받침 ×	-ㄹ까요	주다	줄까요
		만나다	만날까요
		마시다	마실까요
ㄹ 받침		*놀다	*놀까요
		*만들다	*만들까요

문법3

동안

어느 한때에서 다른 한때까지 시간의 길이를 나타내는 말로, 어떤 행위가 계속되는 시간을 표현한다.

Thể hiện độ dài của thời gian từ khi nào đến khi nào, biểu thị thời gian của hành vi nào đó liên tục được diễn ra.

- 가: 얼마 동안 한국어를 공부했어요?
  나: 1년 동안 한국어를 배웠어요.
- 저는 회사에서 3개월 동안 일했어요.
- 어제 너무 피곤했어요. 그래서 11시간 동안 잤어요.

문법 연습2

1. [보기]와 같이 쓰세요.

[보기] 같이/커피/마시다 → 같이 커피를 마실까요?

(1) 내일/콘서트/보러 가다 → ____________________?

(2) 저녁/한국어/공부하다 → ____________________?

(3) 같이/음악/듣다 → ____________________?

(4) 지금/창문/열다 → ____________________?

2. 그림을 보고 [보기]와 같이 쓰세요.

[보기] 7월 8일에 세 시간 동안 회의를 해요.

(1) 7월 10일부터 16일까지 ____________________ 한국 출장을 가요.

(2) 7월 19일에는 ____________________ 농구를 할 거예요.

(3) 이번 여름에는 ____________________ 다낭에서 쉴 거예요.

(4) 7월 31일에 ____________________ 한국어 시험을 볼 거예요.

대화

투 안: 유미 씨, 휴가 때 뭐 할 거예요?

유 미: 저는 일주일 동안 다낭에서 쉴 거예요.

투 안: 우와! 좋겠네요. 숙소는 예약했어요?

유 미: 아니요. 아직이요. 어떤 숙소가 좋아요?

투 안: 음, 글쎄요. 저도 잘 모르겠어요.
같이 인터넷으로 찾아볼까요?

유 미: 정말요? 고마워요.

- 휴가 때
- 다낭
- 좋겠네요
- 숙소
- 잘 모르겠어요
- 인터넷으로 찾아보다
- 우와!
- 음
- 정말요?

- 뭐 할 거예요[뭐할꺼예요]
- 쉴 거예요[쉴꺼예요]

• 유미 씨는 이번 휴가 때 무엇을 하겠습니까?

• 투안은 무엇을 도와주겠습니까?

20 보안 스티커를 떼지 마세요

1 어디입니까? 거기에서 무엇을 합니까?

2 거기에서 무엇을 할 수 없습니까?

학습 목표

- 일상생활과 업무 상황에서 표지판을 읽고 이해할 수 있다.
- 지시와 금지 표현을 이해하고 확인할 수 있다.

어휘: 보안, 표지판

문법: -(으)세요, -지요

어휘1

보안

아이디	비밀번호	암호	전산망 = 네트워크
바이러스	백신	개인 정보	해킹

- 가: **아이디**하고 **비밀번호**를 잊어버렸어요.
  나: 찾기 버튼을 눌러요. 그러면 찾을 수 있어요.
- **암호**를 잊어버려서 파일을 열 수 없었어요.
- 사내 **전산망**이 고장 났어요. 그래서 메일을 보낼 수 없습니다.
- 가: 이상해요. 컴퓨터가 자꾸 꺼져요.
  나: **바이러스**에 걸렸네요. **백신** 프로그램을 깔아 보세요.
- 생일, 전화번호, 집 주소는 **개인 정보**입니다.
- 컴퓨터가 **해킹**을 당해서 개인 정보가 새 나갔어요.

- 버튼(button)
- 자꾸
- 프로그램을 깔다
- 해킹을 당하다
- 새 나가다

어휘2

표지판

안내(하다)

사용(하다)

금지(하다)

조심(하다)

입구
들어가는 곳

출구
나가는 곳

출입문

출입 금지

당기세요

미세요

고정문

비상문

공공장소

담배를 피우다

담배를 끄다

주차하다

촬영하다

녹음하다

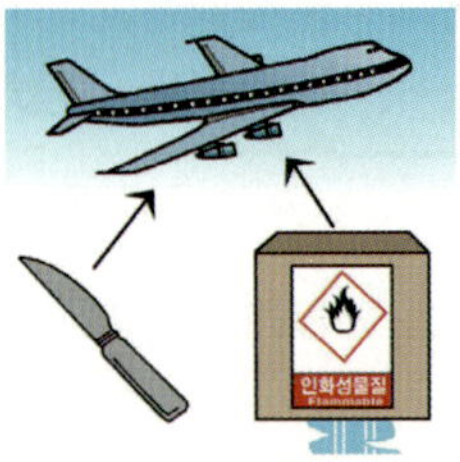

반입하다

뛰다

누르다

손을 대다

만지다

기대다

- 도서관, 우체국, 공원은 **공공장소**입니다.
- 저는 담배를 안 **피웁니다**.
- 할머니 손을 **만집니다**. 할머니 손이 따뜻합니다.

어휘 연습

1. 빈 칸에 알맞은 말을 [보기]에서 찾아 쓰세요.

[보기] 아이디 전산망 개인 정보 암호

(1) 사내 ________________ 에서 자료를 찾아보세요.

(2) 비밀번호를 가끔 바꾸세요. ________________ 을/를 지킬 수 있어요.

(3) 프엉 씨, 여기 컴퓨터 좀 쓸 거예요. ________________ 좀 알려 주세요.

(4) ________________ 하고 비밀번호를 몰라요. 그래서 사이트에 들어갈 수 없어요.

2. [보기]와 같이 관계있는 것을 연결하세요.

[보기]

주차하다 •

(1) 뛰다 •

(2) 손을 대다 •

(3) 촬영하다 •

(4) 담배를 피우다 •

• 

• 

• 

• 

• 

문법1

-(으)세요

(동사에 붙어) 어떠한 행동을 할 것을 명령하거나 요청함을 나타낸다. 주로 높임의 대상인 사람에게 무언가를 시킬 때 사용한다.

(Gắn vào động từ) Thể hiện yêu cầu hoặc mệnh lệnh làm hành động nào đó. Chủ yếu sử dụng khi nhờ vả người trên làm một việc gì đó.

- 가: 사과 열 개 주세요.
  나: 네. 오만 동입니다.
- 가: 작업복을 입으세요.
  나: 네, 알겠습니다.
- 잠깐만 기다리세요.
- 한국어로 말하세요.

받침 ○	-으세요	먹다	먹으세요
		씻다	씻으세요
		*듣다	들으세요
		*만들다	만드세요
받침 ×	-세요	가다	가세요
		쓰다	쓰세요
		말하다	말하세요

★ -지 마세요

(동사에 붙어) 어떤 행위를 하지 못하게 함을 나타낸다. 다른 사람의 행위를 금지할 때 주로 사용한다.

(Gắn vào động từ) Thể hiện việc ngăn không cho làm hành vi nào đó, Chủ yếu dùng khi cấm ai đó làm gì.

- 가: 사진을 찍고 싶어요.
  나: 죄송하지만 안 돼요. 여기에서 사진을 찍지 마세요.
- 여기에서 담배를 피우지 마세요.
- 일찍 오세요. 늦지 마세요.

문법 연습1

1. [보기]와 같이 쓰십시오.

[보기] 조용히 하다 → 조용히 하세요.

(1) 일찍 오다 → ________.

(2) 책, 읽다 → ________.

(3) 커피, 주다 → ________.

(4) 한국말, 하다 → ________.

(5) 작업복, 입다 → ________.

2. [보기]와 같이 쓰십시오.

[보기]

→ 계단에서 뛰지 마세요.

(1)

→ 극장에서 ________.

(2)

→ 박물관에서 ________.

(3)

→ 건물 안에서 ________.

(4)

→ 여기에서 ________.

문법2

-지요

(동사나 형용사, '이다, 아니다'에 붙어) 말하는 사람이 어떠한 사실을 듣는 사람도 알고 있다고 생각하고 다시 한번 질문함을 나타낸다. 주로 이미 알고 있는 사실을 다시 확인할 때 사용한다.

(Gắn vào động từ hoặc tính từ, ' là (이다), không phải là (아니다)') Dùng khi người nói nghĩ rằng người nghe cũng biết về một sự thật nào đó và hỏi lại xác nhận một lần. Chủ yếu dùng khi xác nhận lại một sự thật đã biết.

- 가: 이 영화 재미있지요?
  나: 네, 정말 그렇네요.
- 가: 회식 날짜가 이번 금요일이지요?
  나: 아니요. 다음 주 금요일이에요.
- 가: 회사에 버스를 타고 왔지요?
  나: 네. 매일 버스를 타요.
- 가: 회의가 끝났지요?
  나: 아니요, 아직 안 끝났어요.

받침 ○	-지요	먹다	먹지요
		좋다	좋지요
받침 ×		가다	가지요
		어렵다	어렵지요
이다		학생	학생이지요
		친구	친구지요

★ 과거와 미래는 다음과 같이 표현한다.

과거	-았지요	만나다	만났지요
		보다	봤지요
	-었지요	마시다	마셨지요
		*듣다	*들었지요
		*무겁다	*무거웠지요
	-했지요	일하다	일했지요
미래	-ㄹ 거지요	가다	갈 거지요
		*만들다	*만들 거지요
	-을 거지요	읽다	읽을 거지요

문법 연습2

1. [보기]와 같이 쓰십시오.

[보기]	덥다 → 오늘은 날씨가 덥지요 ?

(1) 다니다 → 한국 회사에 ______ ?

(2) 잘하다 → 한국말을 ______ ?

(3) 맞다 → 이 보고서가 ______ ?

(4) 맛있다 → 저 식당이 ______ ?

(5) 퇴근하다 → 투안 씨가 아까 ______ ?

2. [보기]와 같이 대화를 만드세요.

[보기]	가: 오늘 회식을 하지요 ? 나: 아니요. 회식은 다음 주에 해요.

(1) 가: 삼계탕을 ______ ?

나: 네. 아주 좋아해요.

(2) 가: 회의실이 ______ ?

나: 2층이 아니에요. 3층으로 가세요.

(3) 가: 점심을 ______ ?

나: 아니요. 아직 못 먹었어요.

(4) 가: 이 컴퓨터, 인터넷이 ______ ?

나: 네. 잘될 거예요.

대화

사원들: 작업장에서는 반드시 모자와 마스크를 착용하세요.

사원들: 네, 알겠습니다.

서진수: 그리고 휴대 전화에 보안 스티커를 붙였지요?

사원들: 네, 붙였습니다.

서진수: 회사 안에서는 그 스티커를 절대 떼지 마세요.

사원들: 네. 조심하겠습니다.

- 반드시
- 착용하다
- 스티커(sticker)
- 절대
- 스티커를 붙이다
  ↔ 스티커를 떼다

- 붙였습니다[부쳤씁니다]
- 절대[[절때]

- 일합니다. 그때 무엇을 착용합니까?
- 어디에 보안 스티커를 붙입니까?

21 화면이 이상하네요

1 어디입니까?

2 여기에서 사람들이 무엇을 합니까?

학습 목표

- 작업장과 공정 절차에 관련된 어휘를 익히고 표현할 수 있다.
- 새롭게 알게 된 사실을 표현할 수 있고, 추측한 내용을 물어볼 수 있다.

어휘: 작업장, 생산

문법: -네요, -(으)ㄹ까요²

어휘1

작업장

공장

물류 창고

냉동 창고

벨트 컨베이어 (conveyer belt)

기계

상자

손수레

지게차

- **공장**에서 텔레비전을 만듭니다.
- **물류 창고**에 **상자**가 많이 있습니다.
- 생선과 고기는 **냉동 창고**에 있습니다.
- **벨트 컨베이어** 옆에 여러 사람이 있습니다.
- **기계**가 상자를 포장합니다.
- 제품을 **손수레**, **지게차**로 옮깁니다.

⊕ 옮기다

어휘2

생산

제품을 생산하다	불량을 확인하다	포장하다	출하하다 출하되다
옮기다/ 운반하다	들어오다	나가다	보관하다 / 저장하다

- 공장에서 자동차를 **생산합니다**.
- 제품을 만들었습니다. **불량을 확인합니다**.
- 제품을 상자에 넣습니다. 그리고 **포장합니다**.
- 공장에서 생산 제품을 시장으로 **출하합니다**.
- 제품을 가게로 **옮깁니다**.
- 물류 창고에 제품이 **들어왔습니다**.
- 물류 창고에 제품을 **보관합니다**.

⊕ 자재

어휘 연습

1. [보기]와 같이 연결하세요.

[보기]  • —— • 공장

(1)  •　　• 손수레

(2)  •　　• 기계

(3)  •　　• 물류 창고

(4)  •　　• 벨트 컨베이어

2. [보기]에서 알맞은 말을 찾아 쓰세요.

[보기] 운반하다　확인하다　보관하다　포장하다　들어오다

회사에서 자재를 삽니다. 자재가 공장으로 (1) ______________.

창고에 여러 자재를 (2) ______________.

자재가 필요합니다. 자재를 작업장으로 (3) ______________.

제품을 생산합니다. 불량을 (4) ______________.

불량이 없습니다. 제품을 (5) ______________.

문법1

-네요

(동사나 형용사, '이다, 아니다'에 붙어) 말하는 사람이 직접 경험하여 새롭게 알게 된 사실을 나타낸다. 흔히 감탄의 뜻으로 사용한다.

(Gắn vào động từ hoặc tính từ, ' là (이다), không phải là (아니다)') Thể hiện sự thật là người nói trực tiếp trải nghiệm và biết được điều mới mẻ nào đó. Dùng nhiều trong trường hợp cảm thán.

- 가: 한국어 발음이 아주 좋네요.
  나: 매일 열심히 공부했어요.
- 가: 이 가방은 천만 동이에요.
  나: 너무 비싸네요.
- 집에서 회사까지 두 시간이 걸려요. 너무 머네요.
- 벌써 여름이 시작됐네요. 더워요.

받침 ○	-네요	듣다	듣네요
		멋있다	멋있네요
		*만들다	*만드네요
		*길다	*기네요
		좋다	좋네요
받침 ×		어렵다	어렵네요
		오다	오네요
		마시다	마시네요
이다	이네요	학생	학생이네요
	네요	친구	친구네요

과거	-았네요	만나다	만났네요
	-었네요	배우다	배웠네요
		*듣다	*들었네요
		*무겁다	*무거웠네요
	-했네요	공부하다	공부했네요

문법 연습1

1. [보기]와 같이 쓰십시오.

[보기] 영화, 재미있다 → 영화가 재미있네요 .

(1) 한국어, 잘하다 → ____________________.

(2) 빵, 맛있다 → ____________________.

(3) 요즘, 바쁘다 → ____________________.

(4) 사무실, 깨끗하다 → ____________________.

(5) 어제, 많이 걷다 → ____________________.

2. [보기]와 대화를 완성하세요.

[보기] 가: 매일 한국어를 공부해요.
나: 정말 열심히 하네요 .

(1) 가: 저기 유미 씨 좀 봐요. 춤을 잘 추지요?
나: 그러네요. ____________________.

(2) 가: 지수 씨 키가 ____________________.
나: 네. 180cm예요.

(3) 가: 프엉 씨 조카예요? 아주 ____________________.
나: 그렇지요? 아기는 모두 귀여워요.

(4) 가: 피자 한 판 더 먹고 싶어요.
나: 와, 투안 씨 정말 ____________________. 저는 배불러요.

문법2

-(으)ㄹ까요²

(동사나 형용사, '이다, 아니다'에 붙어) 추측을 제기하면서 다른 사람의 의견이나 생각을 물어볼 때 사용한다.

(Gắn vào động từ hoặc tính từ, ' là (이다), không phải là (아니다)'). Sử dụng khi vừa đưa ra dự đoán vừa hỏi ý kiến hay suy nghĩ của người khác.

- 가: 이번 주에 야근이 있을까요?
  나: 아마 그럴 거예요. 일이 많아요.
- 가: 투안 씨가 노래를 잘할까요?
  나: 잘 모르겠어요. 회식 때 노래방에 같이 가요.
- 가: 내일 비가 올까요?
  나: 아니요. 뉴스를 봤어요. 안 올 거예요.

받침 ○	-을까요	읽다	읽을까요
		먹다	먹을까요
		좋다	좋을까요
		적다	적을까요
		*듣다	*들을까요
받침 ×	-ㄹ까요	가다	갈까요
		크다	클까요
		공부하다	공부할까요
ㄹ 받침		*멀다	*멀까요
		*만들다	*만들까요
과거	-았을까요	만나다	만났을까요
	-었을까요	마시다	마셨을까요
	-했을까요	운동하다	운동했을까요

문법 연습2

1. [보기]에서 알맞은 단어를 찾아 쓰세요.

[보기] 들어오다 운동하다 마시다 재미있다

(1) 가: 무슨 영화가 ____________________?
나: 아마 이 영화가 재미있을 거예요.

(2) 가: 김재호 대리님이 술을 잘 ____________________?
나: 네. 지난 회식 때 아주 잘 마셨어요.

(3) 가: 지호 씨가 어제 ____________________?
나: 네. 어제 체육관에서 봤어요.

(4) 가: 몇 시에 자재가 ____________________?
나: 아마 2시일 거예요.

2. [보기]와 같이 대화를 만드세요.

[보기]
가: 지금 사무실에 누가 있을까요?
나: 아마 프엉 씨가 있을 거예요.

(1) 가: 이번 시험이 ____________________?
나: 걱정 마세요. 아마 쉬울 거예요.

(2) 가: 저 옷이 저한테 잘 ____________________?
나: 네. 아마 잘 어울릴 거예요.

(3) 가: 한국으로 출장을 가요. 날씨가 ____________________?
나: 지금 1월이에요. 아주 추울 거예요.

(4) 가: 이번 목요일이 짱 씨 생일이에요. 무슨 선물이 ____________________?
나: 펜 어때요? 짱 씨가 메모를 잘해요.

대화

짱: 기태 씨, 여기 화면이 좀 이상하네요.

박기태: 정말 그러네요. 다른 것도 그래요?

짱: 네. 여기 두 대 더 있어요. 불량 화소일까요?

박기태: 아직 잘 모르겠어요. 짱 씨, 저랑 다른 것도 같이 확인해요.

짱: 알겠어요. 그리고 서 주임님께 지금 말씀드릴까요?

박기태: 네. 그게 좋겠어요.

- 화면
- 이상하다
- 불량 화소
- (숫자) 대
- 더
- 다른 것
- 께
- 아직
- 말씀드리다

- 같이[가치]
- 좋겠어요[조케써요]

- 짱이 무엇을 봤습니까?
- 무슨 문제가 있습니까?

22 전체 확인 후에 보고해 주세요

1 남자는 지금 어떻습니까?

2 여자는 남자한테 무슨 말을 할 겁니까?

학습 목표

- 도움을 제안하거나 요청하는 표현을 사용하여 말할 수 있다.
- 어떤 행위의 전과 후에 하는 일을 표현할 수 있다.

어휘: 전체와 부분, 보고

문법: 전에/후에, -어/아 주다

어휘1

전체와 부분

점 선 면

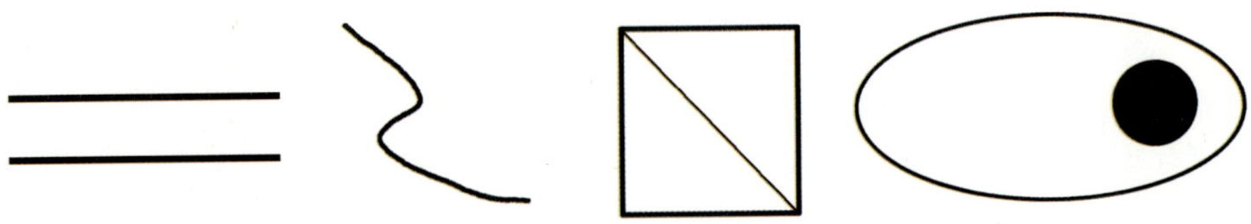

직선 곡선 대각선 전체 부분

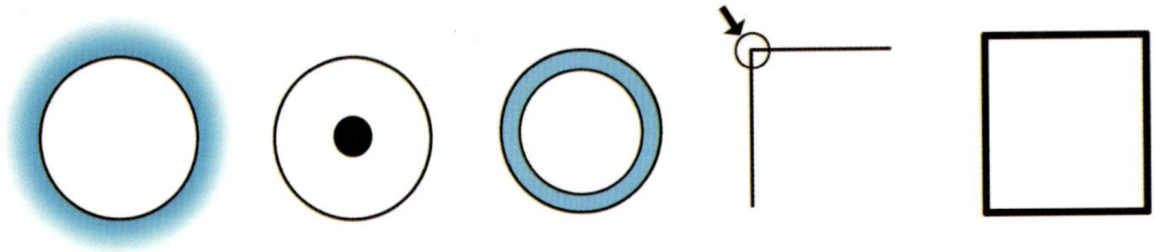

주변 중앙 가장자리 모서리 테두리

- 토요일에는 회사 **전체**를 청소할 거예요.
- 화면 **모서리**의 불량을 확인하세요.
- 화면 **테두리**를 **곡선**으로 바꿨어요.

어휘2

보고

업무 보고	출장 보고	서면 보고	보고서
일일 보고	주간 보고	월간 보고	연간 보고

- 직원들은 오늘 회의에서 **업무 보고**를 했어요.
- 어제 출장을 다녀왔어요. 그래서 오늘 **출장 보고**를 할 거예요.
- 오늘은 부장님이 안 계세요. **서면 보고**하세요.
- 영업팀에서 영업 **보고서**를 썼어요.
- 오늘 퇴근 전에 주임님께 **일일 보고**를 했어요.
- **주간 보고**는 금요일마다 합니다.
- 매월 1일에 부서 회의가 있습니다. 이번 달에 프엉 씨가 **월간 보고**를 했습니다.
- 12월에 **연간 보고**가 있습니다. 모두 참석해 주세요.

⊕ 출장
⊕ 다녀오다
⊕ 참석해 주세요

어휘 연습

1. [보기]에서 알맞은 단어를 한 번씩만 골라 문장을 완성하십시오.

[보기]
서면 보고　일일 보고　출장 보고　보고서

(1) 가: 프엉 씨, 어제 출장 잘 다녀왔어요?

나: 네, 잘 다녀왔어요. 이따가 ________를 할 거예요.

(2) 가: 유미 씨, 지금 과장님께 보고하러 갈 거예요?

나: 아니요, 오늘 과장님을 못 만나요. ________를 할 거예요.

(3) 가: 투안 씨, 지금 뭘 해요?

나: 이따가 보고를 할 거예요. 그래서 ________를 써요.

(4) 가: 우리 팀은 매일 주임님한테 보고를 합니까?

나: 네, 퇴근 전에 ________를 합니다.

2. 그림을 보고 알맞은 것을 골라 쓰세요.

대각선　모서리　점　곡선　선　면

[보기]  점

(1) ________

(2) ________

(3) ________

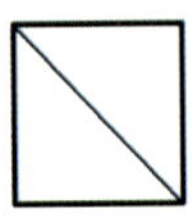
(4) ________

(5) ________

문법1

전에/후에

전에: (명사에 붙어) 앞의 명사가 뒤의 내용보다 시간상 나중임을 나타내는 표현

Trước : (Gắn vào danh từ) Thể hiện rằng sự việc ở danh từ trước xuất hiện sau sự việc ở vế sau về mặt thời gian.

후에: (명사에 붙어) 앞의 명사가 뒤의 행위보다 시간상 앞섬을 나타내는 표현

Sau : (Gắn vào danh từ) Thể hiện rằng sự việc ở danh từ trước xuất hiện trước sự việc ở vế sau về mặt thời gian

출근 전에   출근   출근 후에

- 가: 투안 씨, 어제 저녁에 뭐 했어요?
  나: 식사 후에 텔레비전을 봤어요.
- 가: 언제 재고 확인서를 제출해요?
  나: 퇴근 전에 제출할 거예요.
- 회의 전에 자료를 복사하세요.
- 유미 씨는 1시간 후에 올 거예요.

★ '전에/후에' 앞에 오는 명사는 시간을 나타내거나 행위와 관련된 의미, 즉 서술성을 가지고 있거나 서술성을 명백하게 추측할 수 있어야 한다

Danh từ đứng trước '전에·후에' thể hiện thời gian hoặc có ý nghĩa liên quan đến hành vi tức là có tính tường thuật hoặc phải là có thể sẽ dự đoán được một cách rõ ràng tính chất tường thuật.

- 예약 전에 장소를 확인하세요.
- 사용 후에 제자리에 놓으세요.
- 결재 전에 다시 한번 확인해 보세요.
- 비행기 탑승 전에 화장실에 다녀 오세요.

문법 연습1

1. 그림을 보고 [보기]와 같이 쓰세요.

[보기]

 → 

가: 언제 커피를 마셨어요?

나: 식사 후에 커피를 마셨어요.

(1)  → 

가: 언제 창문을 열어요?

나: ________________.

(2)  → 

가: 언제 복사를 했습니까?

나: ________________.

(3) 

→ 

가: 언제 보고서를 낼 거예요?

나: ________________.

(4) 

→ 

가: 언제 영화를 봤어요?

나: ________________.

(5)  → 

가: 언제 여행을 갈 거예요?

나: ________________.

(6)  → 

가: 언제 책을 읽습니까?

나: ________________.

문법2

-어/아 주다

(동사에 붙어) 주로 다른 사람을 위하여 어떤 행위를 함을 나타낸다. 남에게 도움을 제안하거나 약속할 때, 또는 남에게 도움을 요청할 때 주로 사용한다.

(Gắn vào động từ) chủ yếu thể hiện việc làm hành động nào đó vì một người khác. Chủ yếu dùng khi đưa ra để nghị hoặc hứa hẹn sẽ giúp đỡ người khác, hay khi thỉnh cầu sự giúp đỡ của người khác.

- 가: 제가 한국어 공부를 도와줄까요?
  나: 네, 이것 좀 가르쳐 주세요.
- 가: 이 가방은 십만 원이에요.
  나: 너무 비싸요. 좀 깎아 주세요.
- 여기에서는 휴대전화를 꺼 주세요.
- 펜을 동료에게 빌려 줬어요.

ㅏ, ㅗ	-아 주다	찾다	찾아 주다
		보다	봐 주다
		*돕다	*도와주다
		*자르다	*잘라 주다
ㅏ, ㅗ 이외	-어 주다	열다	열어 주다
		쓰다	써 주다
		알리다	알려 주다
		*듣다	*들어 주다
		*굽다	*구워 주다
		*부르다	*불러 주다
-하다	-해 주다	복사하다	복사해 주다
		일하다	일해 주다

★ '-어/아 줄까요?'는 도움을 권유할 때 '-어/아 주세요'는 도움을 요청할 때 주로 사용되는 표현이다.

'-어/아 줄까요?' là biểu hiện chủ yếu được dùng khi khuyên ai giúp đỡ ai, '-어/아 주세요' dùng khi thỉnh cầu sự giúp đỡ của ai.

- 제가 창문을 열어 줄까요?
- 네, 열어 주세요. 고마워요.

★ 도움을 받는 사람이 윗사람일 때 '-어/아 드리다'로 쓴다.

Khi người được giúp đỡ là người bề trên thì sử dụng '-어/아 드리다'.

- 할아버지, 가방을 들어 줄까요? (×)
  할아버지, 제가 가방을 들어 드릴까요? (○)
- 엄마가 동생에게 컴퓨터를 사 드렸어요. (×)
  엄마가 동생에게 컴퓨터를 사 줬어요. (○)

문법 연습2

1. [보기]와 같이 쓰세요.

[보기]	이메일/보내다 → 이메일을 보내 주세요.

(1) 창문/열다 →

(2) 화면/보다 →

(3) 춤/추다 →

(4) 고기/굽다 →

(5) 제 말/듣다 →

(6) 종이/자르다 →

2. [보기]와 같이 대화를 만드세요.

[보기]
가: 너무 춥네요.
나: 제가 문을 닫아 줄까요?
가: 네, 닫아 주세요.

(1) 가: 아이구, 상자가 너무 무겁네요.
나: 제가 상자를 ?
가: 고마워요. .

(2) 가: 여기가 너무 어둡네요.
나: 제가 불을 ?
가: 네, .

(3) 가: 복사기 사용이 어려워요.
나: 제가 복사를 ?
가: 고마워요. .

대화

짱: 서 주임님, 생산 라인에서 불량이 발생했습니다.

서진수: 그래요? 화소 문제입니까?

짱: 네, 그렇습니다. 지금까지 세 건 나왔습니다.

서진수: 불량 화소가 화면 중앙에 있어요?

짱: 아닙니다. 모서리 부분에 있습니다.

서진수: 알겠어요. 전체 확인 후에 다시 보고해 주세요.

- 생산 라인
- 발생하다
- 문제
- (숫자) 건
- 중앙
- 모서리
- 부분
- 전체
- 보고(하다)

- 아닙니다[아님니다]

- 불량이 몇 건 있습니까?
- 불량 화소는 화면 어디에 발생했습니까?

23 이물질이 들어가지 않게 주의하세요

1 사람들이 무엇을 하고 있습니까?

2 제품에 불량이 생기면 어떻게 합니까?

학습 목표

- 회사에서 불량 및 품질 관리에 사용하는 어휘를 알고 표현할 수 있다.
- 지시를 나타내는 표현을 알고 말할 수 있다.

어휘: 불량, 품질 관리

문법: -지만, -게

어휘1

불량

불량품

파손

검사

수리

폐기

교환

불량 사유	불량이 나다	불량이 발생하다

- 이번 달은 총 다섯 건의 **불량**이 **발생했습니다**.
- **제품**의 **불량 사유**는 부품 **파손**입니다.
- 불량품은 **검사** 후에 **폐기**합니다.
- 불량품은 새 제품으로 **교환**해 드립니다.
- **불량이 난** 제품을 모두 **수리**했습니다.

어휘2

품질 관리

기준	조사	유지
개선	향상	혁신
관리가 철저하다	기준이 엄격하다	품질을 보증하다

- 우리 회사는 **기준**에 맞게 제품의 **품질을 관리합니다**.
- 제품을 **조사**하고 제품의 **품질 유지**를 위해 노력합니다.
- 품질의 **개선**과 **향상**이 필요합니다.
- 제품의 품질 **혁신**으로 회사가 발전했습니다.
- 우리 회사는 제품의 관리 **기준이 엄격합니다**.
- 그리고 제품의 품질 **관리를 철저하게 합니다**.
- 그래서 우리 회사 제품의 **품질을 보증할 수 있습니다**.

어휘 연습

1. [보기]와 같이 연결하세요.

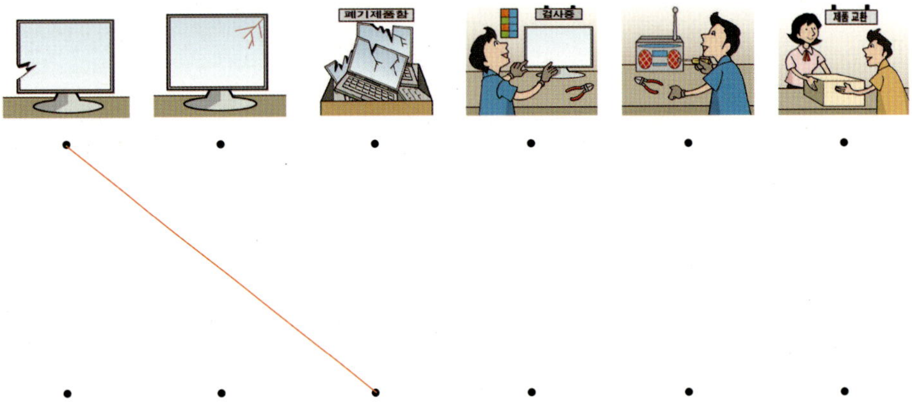

수리　　교환　　파손　　불량품　　폐기　　검사

2. [보기]에서 빈 칸에 들어갈 말을 골라 쓰세요.

[보기]
기준　조사하다　유지하다　개선　향상되다　혁신

(1) 품질 관리팀에서 불량의 원인을 ________________.

(2) 이번 달에도 지난달의 판매량을 ________________.

(3) 건강을 위해 식생활의 ________________ 이/가 필요합니다.

(4) 우리 회사는 품질 관리의 ________________ 이/가 엄격합니다.

(5) IT 기술의 ________________ 이/가 우리 생활을 크게 바꾸었습니다.

(6) 열심히 한국어를 공부했습니다. 그래서 실력이 ________________.

문법1

-지만

(동사나 형용사, '이다, 아니다'에 붙어) 앞 절과 뒤 절이 서로 반대되는 내용임을 나타낸다. 앞 절에서 어떤 사실을 말하고 뒤 절에서 그와 반대되는 사실이나 다른 내용을 연결하여 말할 때 사용한다.

(Gắn vào động từ hay tính từ, 'là(이다), không phải là (아니다)') Thể hiện nội dung ở vế trước và vế sau là trái ngược nhau. Dùng khi nói về sự thật nào đó ở vế trước với sự thật hay nội dung ở vế sau là trái ngược nhau.

- 가: 아침에 무엇을 먹어요?
  나: 저는 밥을 먹지만 투안 씨는 국수를 먹어요.
- 가: 신제품은 어때요?
  나: 조금 비싸지만 성능이 좋아요.
- 회사 기숙사는 작지만 깨끗합니다.
- 기계를 확인했지만 문제를 찾지 못했습니다.

받침 ○	-지만	먹지만, 듣지만, 확인했지만
		작지만, 좋지만, 재미있지만
받침 ×		가지만, 주지만, 사지만
		크지만, 바쁘지만, 예쁘지만
이다	이지만	직원이지만, 학생이지만
	지만	회사지만, 대리지만
아니다	아니지만	일이 아니지만, 회사가 아니지만

문법 연습1

1. [보기]와 같이 쓰세요.

> **[보기]** 저, 키가 크다 / 동생 키가 작다
> → 저는 키가 크지만 동생은 키가 작아요.

(1) 시클로, 느리다 / 택시, 빠르다

→ ______________________.

(2) 평일, 일이 많다 / 주말, 일이 없다

→ ______________________.

(3) 우기, 비가 많이 오다 / 건기, 비가 오지 않다

→ ______________________.

(4) 저, 오전 근무 / 동료, 오후 근무

→ ______________________.

2. [보기]와 같이 쓰세요.

> **[보기]** 회사일 / 어렵다 / 재미있다
> 가 : 회사일은 어때요?
> 나 : 회사일은 어렵지만 재미있어요.

(1) 한국 식당
비싸다 / 맛있다
가 : 한국 식당은 어때요?
나 : 한국 식당은 ______________.

(2) 내일
토요일 / 근무하다
가 : 내일 쉬어요?
나 : 아니요. 내일은 ______________.

(3) 기계
점검하다 / 문제를 모르겠다
가 : 기계를 점검했어요?
나 : 네. 기계를 ______________.

(4) 어제
잘 쉬다 / 피곤하다
가 : 어제 잘 쉬었어요?
나 : 네. ______________.

문법2

-게

(동사나 형용사에 붙어) 뒤 절의 행위에 대한 목적이나 결과를 나타낸다. 앞 절의 상황을 이루기 위해 뒤 절에 조건이나 방법이 나올 때 사용한다.

(Gắn vào động từ hoặc tính từ) thể hiện mục đích hay kết quả về hành vi của vế sau. Sử dụng khi nói điều kiện hay phương pháp của vế sau tạo nên tình huống của vế trước.

- 가: 업무에 집중하게 조용히 해 주세요.
  나: 네, 죄송합니다.
- 가: 회의 준비를 잘해 주세요.
  나: 네, 실수하지 않게 준비하겠습니다.
- 사진을 찍게 모두 모이세요.
- 이번 제품은 사용이 편하게 만들었습니다.

받침 ○	-게	먹게, 듣게, 확인하게
		작게, 좋게, 재미있게
받침 ×		가게, 주게, 사게
		크게, 바쁘게, 예쁘게

★ '-게'가 (동사나 형용사에 붙어) 뒤에 오는 상태나 행동의 정도, 방식을 나타내기도 한다. '어떻게' 또는 '얼마나'에 대한 답으로 사용한다.

- 가: 요즘 어떻게 지냈어요?
  나: 요즘 정말 바쁘게 지냈어요.
- 짱 씨가 머리를 짧게 잘랐습니다.
- 사무실을 깨끗하게 청소했습니다.

★ '-게'는 과거 '-었-', 미래·추측의 '-겠-'과 결합하지 않는다.

- 작업을 했었게 집중했습니다. (×)
- 제품을 확인하겠게 품질 관리팀에 보내세요. (×)
- 주말에 재미있었게 놀았습니다. (×)

문법 연습2

1. [보기]와 같이 쓰세요.

[보기] 조회, 시작하다, 모이다 → 조회를 시작하게 모이세요.

(1) 불량, 없다, 주의하다 → ______.

(2) 바람, 들어오다, 창문을 열다 → ______.

(3) 점심, 먹다, 같이 나가다 → ______.

(4) 출발 시간, 안 늦다, 택시를 타다 → ______.

2. [보기]와 같이 쓰세요.

[보기]
가 : 음식을 많이 준비했네요?
나 : 모두 먹을 수 있게 많이 준비했어요.

(1) 가: 짱 씨, 머리를 잘랐어요?
나: 네, 여름에 ______ 머리를 잘랐어요.

(2) 가: 신제품의 성능이 좋네요.
나: 네, 지난번 제품보다 ______ 만들었습니다.

(3) 가: 글씨가 너무 작아요. 모두 ______ 써 주세요.
나: 네, 알겠습니다.

(4) 가: 이번 발표에서는 실수하지 마세요.
나: 네, 이번에는 ______ 준비를 했습니다.

대화

짱: 주임님, 불량은 모두 다섯 건입니다.

서진수: 지난달에는 한 건이었습니다. 그런데 이번 달에만 벌써 다섯 건이네요. 기계 문제입니까?

짱: 기계를 확인했지만 원인을 모르겠습니다.

서진수: 우선 품질 관리팀에 이상 제품을 모두 보내세요.

짱: 네, 알겠습니다.

서진수: 그리고 라인에서 이물질이 들어가지 않게 주의하세요.

- 벌써
- 기계
- 원인
- 우선
- 품질 관리팀
- 이물질
- 주의하다

- 다섯 건[다섣껀]
- 이물질[이물찔]

- 지금은 무슨 시간입니까?
- 불량이 몇 건 발생했습니까?
- 주임의 지시는 무엇입니까?

24 우리 함께 원인을 찾아봅시다

1 사람들이 무엇을 하고 있습니까?

2 여러분은 근무 교대 시간은 어떻습니까?

학습 목표

- 근무 교대 시에 사용하는 어휘를 알고 표현할 수 있다.
- 격식적인 상황에 쓰는 권유와 의지 표현을 알고 말할 수 있다.

어휘: 근무 교대, 근무 복장

문법: -(으)ㅂ시다, -겠-

어휘1

근무 교대

교대제	근무 조	연장 근무
당직	일직	숙직
	배정을 받다	

- 생산 라인은 3**교대제**로 운영됩니다.
- 이번 달에 오후 **근무 조**로 **배정을 받았습니다**.
- 이번 주 금요일에는 **연장 근무**가 있습니다.
- 오늘 제가 **당직**입니다. 그래서 늦게까지 회사에 있습니다.
- 당직에는 **일직**과 **숙직**이 있습니다.

어휘2

근무 복장

유니폼

작업복

정장

착용하다

단정하다

깔끔하다

- 회사마다 회사 **유니폼**이 있습니다.
- 친구 결혼식 때 **정장**을 입었습니다.
- 생산 라인에서는 **작업복**을 착용합니다.
- 사무실 내에서는 **단정하게** 옷을 입습니다.
- 내일 면접이 있습니다. **깔끔하게** 머리를 잘랐습니다.

어휘 연습

1. [보기]와 같이 연결하세요.

정장 깔끔하다 유니폼 단정하다 작업복 착용하다

2. [보기]에서 빈 칸에 들어갈 말을 골라 쓰세요.

[보기]
3교대 연장 근무 당직 근무 조

(1) 오늘 ______________ 이/가 있습니다. 저녁 8시까지 일합니다.

(2) 오전 근무가 끝났습니다. 오후 ______________ 와/과 교대합니다.

(3) 이번 주 토요일은 제가 ______________. 그래서 회사에 갑니다.

(4) 공장은 24시간 운영합니다. 그래서 ______________ (으)로 근무합니다.

문법1

-(으)ㅂ시다

(동사에 붙어) 어떠한 행동을 제안하거나 요청함을 나타낸다. 격식적인 상황에서 약간 아랫사람이나 동등한 관계의 듣는 사람에게 어떤 행동을 같이 하자고 권할 때 사용한다.

(Gắn vào động từ) Thể hiện đề nghị hoặc yêu cầu hành động nào đó. Trong các tình huống trang trọng. Được dùng khi muốn đề nghị người nghe có vị trí hơi thấp hơn hoặc quan hệ ngang bằng cùng làm một việc gì đó.

- 가: 오늘 점심은 밖에서 먹읍시다.
  나: 네, 좋습니다.
- 가: 언제 팀 회식을 할까요?
  나: 금요일에 팀 회식을 합시다.
- 같이 기계를 확인합시다.
- 먼저 샘플을 만듭시다.

받침 ○	- 읍시다	먹다	먹읍시다
		읽다	읽읍시다
		듣다	들읍시다
받침 ×	- ㅂ시다	가다	갑시다
		하다	합시다
ㄹ 받침		*만들다	*만듭시다

★ 주로 말하는 사람과 동등한 관계이거나 아랫사람일 경우에 사용하며, 공식적인 자리에서 많은 사람들을 대상으로 요청할 때 사용할 수 있다.

★ '-(으)ㅂ시다'는 윗사람에게 예의를 갖추어 말하는 경우에는 사용할 수 없다. 이럴 때는 '-(으)시지요'를 사용해서 이야기해야 한다.

문법 연습1

1. [보기]와 같이 쓰세요.

[보기]	
금요일	가: 언제 회의를 할까요? 나: 회의는 금요일에 합시다.

(1) 비엣비 식당 가 : 저녁을 어디에서 먹을까요?
나 : 저녁은 ______________.

(2) 오후 가 : 언제 재고 확인을 할까요?
나 : 재고 확인은 ______________.

(3) 내일 가 : 지금 기계를 점검할까요?
나 : 아니요, 기계는 ______________.

(4) 확인 후 가 : 거래처에 물품을 보낼까요?
나 : 아니요. 한 번 더 ______________.

2. [보기]와 같이 쓰세요.

[보기]	
근무 전, 복장 확인	근무 전에 복장을 확인합시다.
작업장, 휴대폰 사용금지	작업장에서 핸드폰을 사용하지 맙시다.

(1) 제품, 완성 후 검수 ______________.

(2) 근무 시간, 음식 금지 ______________.

(3) 작업장, 안전사고, 주의 ______________.

(4) 기숙사, 밤, 빨래 금지 ______________.

문법2

-겠-

(동사에 붙어) 앞으로 일어날 미래에 대한 의지를 드러낼 때 사용한다.
말하는 사람의 의지, 의도를 나타낼 때 사용한다.

(gắn vào động từ) Dùng khi cho biết ý thể hiện thời tương lai sẽ xảy ra. Dùng khi muốn nói về ý chí, ý đồ của người nói.

- 가: 작업은 언제 끝납니까?
  나: 금요일 오후까지 끝내겠습니다.
- 가: 그럼, 다음 회의 준비는 누가 합니까?
  나: 제가 하겠습니다.
- 제가 발표 자료를 찾겠습니다.
- 다음부터 실수하지 않겠습니다.

받침 ○	-겠-	먹다	먹겠습니다
		읽다	읽겠습니다
		찾다	찾겠습니다
		듣다	듣겠습니다
받침 ×		가다	가겠습니다
		하다	하겠습니다
		쓰다	쓰겠습니다
		만들다	만들겠습니다

★ 말하는 사람의 의지를 나타내는 것이므로 1인칭 이외의 주어를 쓸 수 없다.

- 투안 씨가 저와 같이 재고를 확인하겠습니다. (?)
- 저는 투안 씨와 같이 재고를 확인하겠습니다. (○)

★ '의지'의 뜻을 나타내는 경우에는 형용사와 결합하지 않는다.

- 저는 내년부터 키가 크겠어요. (×)

★ 격식적인 상황에서 관용적 표현으로 '-겠-'을 넣어 완곡하게 말하는 데 사용한다.

- 처음 뵙겠습니다.
- 홍보팀에 다녀오겠습니다.
- 잘 먹겠습니다.
- 알겠습니까?
- 예, 알겠습니다.
- 잘 모르겠습니다.

문법 연습2

1. [보기]와 같이 쓰세요.

[보기]
가: 그럼, 누가 자료를 정리할래요?
나: 제가 자료를 정리하겠습니다.

(1) 가: 재고 확인이 필요합니다.
나: 제가 오후에 ______________________.

(2) 가: 다음 달 다낭 출장은 누가 갈래요?
나: 다음 달에 ______________________.

(3) 가: 회의 시간에 다시는 늦지 마세요.
나: 네, 죄송합니다. 다음부터 ______________________.

(4) 가: 내가 음료수를 살게요. 투안 씨, 무엇을 마실래요?
나: 감사합니다. 주임님, ______________________.

2. [보기]와 같이 쓰세요.

[보기]
가: 안녕하세요? 만나서 반갑습니다.
나: 네, 처음 뵙겠습니다. 투안이라고 합니다.

(1) 가: 저, 자재 창고에 ______________________.
나: 그래요. 다녀와요.

(2) 가: 그럼, 많이 드세요.
나: 감사합니다. ______________________.

(3) 가: 생산 라인에서 이물질이 들어가지 않게 주의하세요.
나: 네, ______________________.

(4) 가: 불량의 원인을 찾았습니까?
나: 아직 못 찾았습니다. 원인을 잘 ______________________.

대화

짱: 보고 드립니다. 오후 근무자 모두 참석했습니다.

서진수: 네. 물량은 모두 맞췄습니까?

짱: 네. 모두 끝냈습니다. 그런데 불량이 다섯 건 발생했습니다. 아직 원인은 모릅니다.

서진수: 우리 함께 원인을 찾아봅시다. 우선 품질 관리팀에 기계 점검을 요청하세요. 그리고 근무자들의 복장도 점검합시다.

사원들: 네. 모자, 마스크, 장갑, 다시 한번 확인하겠습니다.

서진수: 좋습니다. 오후 팀, 수고 많으셨습니다.

- 근무자
- 물량
- 맞추다
- 끝내다
- 참석하다
- 점검(하다)
- 요청(하다)
- 다시 한번
- 수고 많으셨습니다.

- 참석했습니다 [참서캗씀니다]

- 지금은 무슨 시간입니까?
- 서주임은 직원들에 무엇을 지시했습니까?

25 좋은 분들과 함께 일해서 즐거웠습니다

1 사람들이 무엇을 하고 있습니까?

2 여러분 회사의 회식 모습은 어떻습니까?

학습 목표

- 회사 회식에서 어휘를 알고 표현할 수 있다.
- 이유를 나타내는 표현을 알고 말할 수 있다.

어휘: 위하여, 회식

문법: -어서/아서, -(으)ㄴ

어휘1

위하여

꿈을 위하여	행복을 위하여	사랑을 위하여
발전을 위하여	건강을 위하여	나라를 위하여
	최선을 다하다	

- **꿈을 위해** 열심히 일을 합니다.
- 군인들이 **나라를 위해** 싸웁니다.
- 두 사람의 **사랑을 위하여** 건배합시다.
- 가족의 **건강과 행복을 위해** 기도합니다.
- 회사의 **발전을 위하여** 모두 **최선을 다해** 주시기 바랍니다.

어휘2

회식

신년회	송년회	단합
환영회	환송회	회식자리
건배	건배사	건배를 제의하다
	잔을 채우다	

- 1월 초에는 회사 **신년회**가 있습니다.
- 12월 말에는 회사 **송년회**가 있습니다.
- 직원들의 **단합**을 위해 회식을 합니다.
- 새 직원을 위해 **환영회**를 열었습니다.
- 다음 주 금요일에 투안 씨 **환송회**가 있습니다.
- **회식 자리**를 만들어 주셔서 감사합니다.
- 부장님의 **건배사**가 있겠습니다.
- 자, **건배**합시다. 모두 잔을 채워 주세요.
- 우리 회사의 발전을 위하여 **건배를 제의합니다**.

어휘 연습

1. [보기]와 같이 쓰세요.

[보기] 저는 가수의 꿈이 있습니다. 그래서 매일 연습합니다.
→ 저는 가수의 꿈을 위해 매일 연습합니다.

(1) 저는 건강을 생각합니다. 그래서 매일 운동을 합니다.
→ 저는 ______ 매일 운동을 합니다.

(2) 우리 가족의 행복이 중요합니다. 그래서 기도합니다.
→ 저는 우리 가족의 ______ 기도합니다.

(3) 회사의 발전이 필요합니다. 그래서 우리는 열심히 일합니다.
→ 우리는 회사의 ______ 열심히 일합니다.

(4) 저는 우리나라를 사랑합니다. 그래서 정부에서 일하고 싶습니다.
→ 저는 ______ 정부에서 일하고 싶습니다.

2. [보기]에서 빈 칸에 들어갈 말을 골라 쓰세요.

[보기] 단합 참석하다 채우다 제의하다

(1) 우리 팀원들의 행복을 위해 건배를 ______.

(2) 부장님의 건배사가 있겠습니다. 모두 잔을 ______.

(3) 오후 회의에 인사이동 발표가 있습니다. 모두 ______.

(4) 오늘 이 자리는 우리 팀의 ______ 을/를 위해 준비했습니다.

문법1

-어서/아서

(동사나 형용사, '이다, 아니다'에 붙어) 앞의 내용이 뒤의 내용의 이유나 원인이 됨을 나타낸다. 어떤 상태가 왜 그런지, 어떤 일이 왜 일어났는지에 대해 말할 때 사용한다.

(Gắn vào động từ hoặc tính từ, ' là (이다), không phải là (아니다)') Thể hiện việc nội dung ở phía trước trở thành lý do, nguyên nhân của nội dung phía sau. Dùng khi nói về một trạng thái tại sao lại như vậy, một việc nào đó tại sao lại xảy ra.

- 가: 어제 왜 일찍 퇴근했어요?
  나: 어제 몸이 안 좋아서 조퇴를 했어요.
- 가: 오늘 기분이 좋아요?
  나: 네, 거래처와 계약이 잘돼서 기분이 좋아요.
- 함께 일해서 즐거웠습니다.
- 제 업무가 아니어서 잘 모르겠습니다.

ㅏ, ㅗ		-아서	가서, 짜서, 와서, 봐서 잡아서, 많아서, 높아서, *빨라서
ㅏ, ㅗ 이외		-어서	먹어서, 읽어서, 마셔서, 느려서, 줘서, 예뻐서, *걸어서, *추워서, *불러서
-하다		-해서	작업해서, 일해서, 행복해서, 건강해서
이다	받침 ○	이어서	과장이어서
	받침 ×	여서	대리여서
아니다		아니어서	업무가 아니어서

★ '-어서/아서'는 과거 '-었-', 미래·추측의 '-겠-'과 결합하지 않는다.

- 비가 왔어서 길이 미끄러웠어요. (×)
- 비가 왔겠어서 길이 미끄러울 거예요. (×)

★ 뒤 절에 청유문이나 명령문이 올 수 없다.

- 일이 많아서 조금 쉽시다. (×)
- 사무실이 더워서 창문을 여세요. (×)

문법 연습1

1. [보기]와 같이 쓰세요.

> **[보기]** 어제, 야근을 하다, 피곤하다
> → 어제 야근을 해서 피곤해요.

(1) 오늘, 월급날, 기분이 좋다 → ______________.

(2) 요즘, 바쁘다, 잘 못 쉬다 → ______________.

(3) 다음 주, 한국능력시험이 있다, 공부를 하다
→ ______________.

(4) 점심, 많이 먹다, 배가 부르다
→ ______________.

2. [보기]와 같이 쓰세요.

> **[보기]** 머리가 아프다
> 가 : 어제 모임에 왜 안 왔어요?
> 나 : 머리가 아파서 집에서 쉬었어요.

(1) 약속이 있다
가 : 어디에 가요?
나 : ______________ 거래처에 가요.

(2) 날씨가 덥다
가 :왜 머리를 잘랐어요?
나 : ______________ 머리를 잘랐어요.

(3) 함께 일하다
가 : 마지막으로 한마디 하세요.
나 : 그 동안 ______________ 즐거웠습니다.

(4) 일하고 싶다
가 : 왜 한국어를 공부해요?
나 : 한국 회사에서 ______________ 한국어를 공부해요.

문법2

-(으)ㄴ

(형용사, '이다, 아니다'에 붙어) 수식하는 명사의 구체적인 속성이나 상태를 나타낸다. 형용사 등을 관형사형으로 바꾸어 뒤에 오는 명사를 수식할 때 사용한다.

(Gắn tính từ, ' là (이다), không phải là (아니다)') Nói về thuộc tính hay trạng thái cụ thể của danh từ bổ ngữ. Dùng khi muốn biến tính từ thành trạng từ bổ ngữ cho danh từ ở phía sau.

- 가: 어떤 옷이 좋아요?
  나: 저는 편한 옷이 좋아요.
- 가: 오늘 점심은 뭘 먹을까요?
  나: 저는 매운 음식을 먹고 싶어요.
- 우리 팀에 좋은 사람이 많아요.
- 저는 대학생인 동생이 한 명 있어요.

받침 ○	-은	작다	작은 일
		많다	많은 직원
		*덥다	*더운 날씨
		*그렇다	*그런 일
받침 ×	-ㄴ	크다	큰 회사
		예쁘다	예쁜 옷
		깨끗하다	깨끗한 사무실
ㄹ 받침		멀다	먼 곳
이다	인	회사원	회사원인 투안
		베트남의 수도	베트남의 수도인 호찌민
아니다	아닌	담당이 아니다	담당이 아닌 업무

★ '있다, 없다'나 '있다, 없다'가 붙어서 만들어진 합성어 '재미있다, 재미없다, 맛있다, 맛없다' 등의 형용사는 '-는'을 붙여 쓴다.

- 창고에 있는 자재를 생산팀으로 옮겨 주세요.
- 저녁에 맛있는 음식을 먹고 싶어요.
- 주말에 짱 씨와 같이 재미있는 영화를 봤어요.

문법 연습2

1. [보기]와 같이 쓰세요.

[보기] 저기, 높다, 건물, 우리 회사 → 저기 높은 건물이 우리 회사입니다.

(1) 점심, 따뜻하다, 음식, 먹고 싶다

→ ______________________.

(2) 친구, 기쁘다, 소식, 듣다

→ ______________________.

(3) 우리 회사, 많다, 직원, 함께, 일하다

→ ______________________.

(4) 친절하다, 사람, 만나다, 기분이 좋다

→ ______________________.

2. [보기]와 같이 쓰세요.

[보기] 날씨 가 : 어떤 날씨를 좋아해요?
나 : 저는 따뜻한 날씨를 좋아해요.

(1) 음식 가 : 어떤 음식을 좋아해요?
나 : 저는 ______________ 좋아해요.

(2) 사람 가 : 어떤 사람을 좋아해요?
나 : 저는 ______________ 좋아해요.

(3) 장소 가 : 휴가에 어떤 곳에 가고 싶어요?
나 : 저는 ______________ 가고 싶어요.

(4) 영화 가 : 보고 싶은 영화 있어요?
나 : 저는 ______________ 보고 싶어요.

대화

팀　장: 한 해 동안 우리 팀원들 모두 고생 많았습니다.

기　태: 팀장님도 고생 많으셨습니다.

팀　장: 오늘 아쉬운 소식이 하나 있습니다.
우리 팀 투안 씨가 내년부터 영업팀에서 일합니다.
투안 씨, 한마디 하세요.

투　안: 그동안 좋은 분들과 함께 일해서 즐거웠습니다.
정말 감사합니다.

팀　장: 자, 우리 건배합시다. 투안 씨와 우리 팀 모두의 행복을 위하여!

모　두: 위하여!

- 고생
- 아쉽다
- 한마디
- 건배
- 위하다

- 고생 많았습니다
- 한마디 하세요
- 그동안 즐거웠습니다
- 건배합시다

- 사람들이 지금 무엇을 합니까?
- 아쉬운 소식이 무엇입니까?
- 팀원들은 무엇을 위해서 건배를 합니까?

비즈니스
한국어
입문

부록

부록

듣기 대본

1과

연습 3

(1) 어	(2) 여	(3) 유	(4) 으	(5) 이
(6) 어이	(7) 우유	(8) 아이	(9) 여우	(10) 여유

연습 4

(1) 으	(2) 우	(3) 어	(4) 야	(5) 여
(6) 오이	(7) 이오	(8) 오이	(9) 요우	(10) 여유

연습 6

(1) 오	(2) 어	(3) 으	(4) 아	(5) 우
(6) 야	(7) 요	(8) 여	(9) 이	(10) 유

연습 7

(1) 어	(2) 오	(3) 으	(4) 야	(5) 요
(6) 오이	(7) 아우	(8) 아이	(9) 여유	(10) 우유

2과

연습 3

(1) 노	(2) 교	(3) 겨	(4) 저	(5) 조
(6) 머리	(7) 마라	(8) 바다	(9) 가지	(10) 아시아

연습 4

(1) 조	(2) 니	(3) 나	(4) 료	(5) 셔
(6) 미리	(7) 아기	(8) 요리	(9) 누구	(10) 어머니

연습 6

(1) 다	(2) 며	(3) 조	(4) 비	(5) 유
(6) 냐	(7) 르	(8) 거	(9) 수	(10) 료

연습 7

(1) 벼	(2) 소	(3) 너	(4) 그	(5) 료
(6) 나무	(7) 머리	(8) 야구	(9) 유리	(10) 아버지

3과

연습 3

(1) 씨	(2) 쳐	(3) 뿌	(4) 따	(5) 켜
(6) 까치	(7) 포도	(8) 짜다	(9) 투구	(10) 아프리카

연습 4

(1) 초	(2) 껴	(3) 다	(4) 뷰	(5) 쭈
(6) 구두	(7) 크기	(8) 치아	(9) 파리	(10) 어차피

연습 6

(1) 또	(2) 표	(3) 뼈	(4) 추	(5) 큐
(6) 쓰	(7) 꺼	(8) 타	(9) 햐	(10) 찌

연습 7

(1) 푸	(2) 카	(3) 떠	(4) 끼리	(5) 아빠
(6) 짜리	(7) 가치	(8) 뿌리	(9) 피아노	(10) 오토바이

4과

연습 3

(1) 깨	(2) 과	(3) 죄	(4) 레	(5) 폐
(6) 의지	(7) 사가	(8) 최고	(9) 회사	(10) 얘기

연습 4

(1) 게	(2) 눠	(3) 돼	(4) 래	(5) 봐
(6) 셰	(7) 쥐	(8) 의사	(9) 회계	(10) 사귀다

연습 6

(1) 새	(2) 좌	(3) 궈	(4) 폐	(5) 의
(6) 뒤	(7) 꽤	(8) 뢰	(9) 휘	(10) 떼

연습 7

(1) 의	(2) 둬	(3) 쥐	(4) 봐	(5) 과도
(6) 시계	(7) 재료	(8) 의자	(9) 돼지	(10) 외가

5과

연습 3

(1) 본	(2) 성	(3) 각	(4) 돈	(5) 맛
(6) 어른	(7) 책상	(8) 인구	(9) 반송	(10) 서울역

연습 4

(1) 숲	(2) 강	(3) 앗	(4) 꽃	(5) 풍
(6) 사랑	(7) 감기	(8) 얼마	(9) 수박	(10) 서울

연습 6

(1) 남	(2) 면	(3) 공	(4) 입	(5) 귤
(6) 책	(7) 밭	(8) 컵	(9) 풀	(10) 향

연습 7

(1) 날	(2) 담	(3) 곧	(4) 딸	(5) 집
(6) 한국	(7) 연필	(8) 베트남	(9) 사무실	(10) 컴퓨터

정답

1과

연습 3

(1) ○　(2) ×　(3) ×　(4) ○　(5) ○

(6) ×　(7) ○　(8) ×　(9) ○　(10) ×

연습 4

(1) ②　(2) ②　(3) ②　(4) ①　(5) ①

(6) ②　(7) ②　(8) ①　(9) ①　(10) ①

연습 6

(1) 오　(2) 어　(3) 으　(4) 아　(5) 우

(6) 야　(7) 요　(8) 여　(9) 이　(10) 유

연습 7

(1) 어　(2) 오　(3) 으　(4) 야　(5) 요

(6) 오이　(7) 아우　(8) 아이　(9) 여유　(10) 우유

2과

연습 3

(1) ×　(2) ○　(3) ○　(4) ×　(5) ×

(6) ×　(7) ×　(8) ○　(9) ○　(10) ×

연습 4

(1) ②	(2) ①	(3) ②	(4) ①	(5) ①
(6) ①	(7) ②	(8) ①	(9) ②	(10) ①

연습 6

(1) 다	(2) 며	(3) 조	(4) 비	(5) 유
(6) 냐	(7) 르	(8) 거	(9) 수	(10) 료

연습 7

(1) 벼	(2) 소	(3) 너	(4) 그	(5) 료
(6) 나무	(7) 머리	(8) 야구	(9) 유리	(10) 아버지

3과

연습 3

(1) ○	(2) ×	(3) ×	(4) ×	(5) ×
(6) ×	(7) ×	(8) ×	(9) ○	(10) ○

연습 4

(1) ②	(2) ②	(3) ①	(4) ①	(5) ②
(6) ①	(7) ①	(8) ①	(9) ②	(10) ②

연습 6

(1) 또	(2) 표	(3) 뻐	(4) 추	(5) 큐
(6) 쓰	(7) 꺼	(8) 타	(9) 햐	(10) 찌

연습 7

(1) 푸 (2) 카 (3) 떠 (4) 끼리 (5) 아빠
(6) 짜리 (7) 가치 (8) 뿌리 (9) 피아노 (10) 오토바이

4과

연습 3

(1) × (2) ○ (3) × (4) × (5) ○
(6) ○ (7) × (8) ○ (9) ○ (10) ×

연습 4

(1) ① (2) ① (3) ② (4) ① (5) ②
(6) ② (7) ② (8) ① (9) ① (10) ①

연습 6

(1) 새/세 (2) 좌 (3) 궈 (4) 폐 (5) 의
(6) 뒤 (7) 꽤/꿰/꾀 (8) 뢰/뤠/래 (9) 휘 (10) 떼/때

연습 7

(1) 의 (2) 둬 (3) 춰 (4) 봐 (5) 과도
(6) 시계 (7) 재료/제료 (8) 의자 (9) 돼지/뒈지/되지
(10) 외가/웨가/왜가

5과

연습 3

(1) ×	(2) ×	(3) ○	(4) ○	(5) ○
(6) ×	(7) ○	(8) ×	(9) ×	(10) ○

연습 4

(1) ①	(2) ②	(3) ②	(4) ①	(5) ②
(6) ①	(7) ①	(8) ②	(9) ①	(10) ①

연습 6

(1) 남	(2) 면	(3) 공	(4) 입	(5) 귤
(6) 책	(7) 반	(8) 컵	(9) 풀	(10) 향

연습 7

(1) 날	(2) 담	(3) 곧	(4) 딸	(5) 집
(6) 한국	(7) 연필	(8) 베트남	(9) 사무실	(10) 컴퓨터

6과

어휘 연습

1. [보기]

(1)

(2)

(3)

(4)

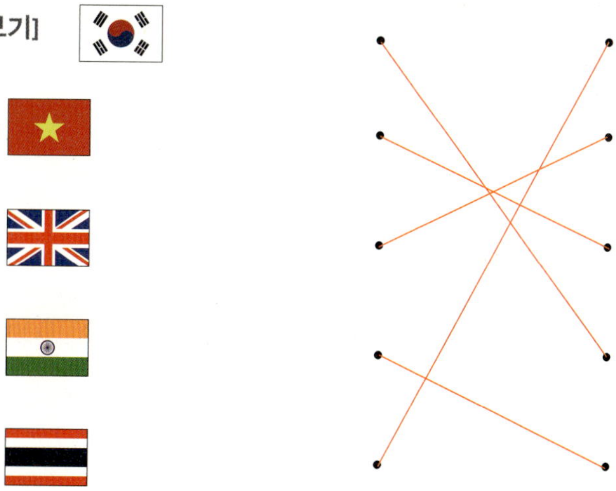

태국

영국

베트남

한국

인도

2. (1) 상무 (2) 부장 (3) 과장 (4) 대리
   (5) 사원

문법 연습1

1. (1) 투안입니다 (2) 중국 사람입니다 (3) 스티브입니다
   (4) 이유미입니다 (5) 안나입니다

2. (1) 저는 왕유입니다
   베한전자 대리입니다
   (2) 저는 이유미입니다
   코리안마트 사원입니다

문법 연습2

1. (1) 은 (2) 는 (3) 은 (4) 은
2. (1) 칸은 인도 사람입니다
   (2) 김재호 씨는 대리(사원, 부장, 상무, 사장 등)입니다
   (3) 토모코는 일본 사람입니다
   (4) 투안은 주임입니다

7과

어휘 연습

1. (1) 사원증 (2) 종이 (3) 가위 (4) 노트북
   (5) 복사기

2. (1) 이 (2) 그 (3) 이 (4) 저

문법 연습1

1. (1) 이에요 (2) 이에요 (3) 예요 (4) 예요

2. (1) 가 아니에요
   복사기예요
   (2) 이 아니에요
   회사원이에요
   (3) 가 아니에요
   프엉 씨예요

문법 연습2

1. (1) 가방이에요 (2) 연필이 있어요
   (3) 우산이 있어요 (4) 짱 씨예요

2. (1) 그것은 투안 씨 책상이에요 (2) 저것은 프엉 씨 컴퓨터예요
   (3) 이것이 무엇이에요

8과

어휘 연습

1. [보기] 

(1) 

(2) 

(3) 

(4) 

(5) 

병원

식당

탈의실

회의실

휴게실

영화관

2. (1) 앞 (2) 위 (3) 아래/밑 (4) 안 (5) 밖

문법 연습1

1. (1) 가 (2) 에, 가 (3) 이, 에 (4) 이, 에
   (5) 에, 가 (6) 에, 가

2. (1) 텔레비전이 있어요 (2) 김 대리님이 있어요
   (3) 휴게실에 있어요 (4) 공원에 있어요

3. (1) ○ (2) × (3) ○ (4) ○

문법 연습2

1. (1) 이에요 (2) 있어요 (3) 있어요 (4) 예요
   (5) 예요

2. (1) 베트남 사람이에요 (2) 생일 카드예요
   (3) 저분이에요 (4) 짱 씨가 있어요

9과

어휘 연습

1. **[보기]** 

(1) 

(2) 

(3) 

(4) 

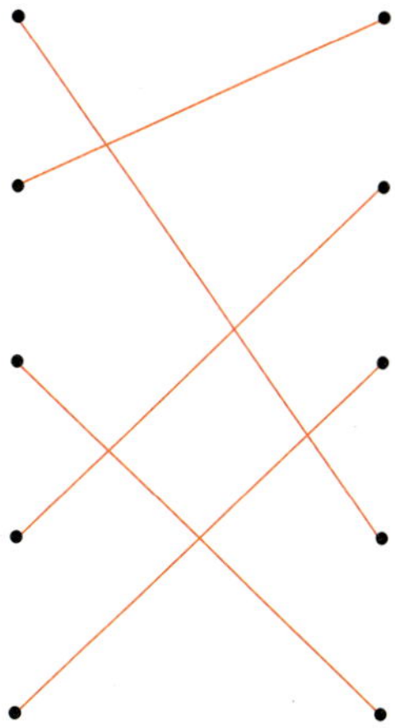

먹다

일하다

만나다

자다

씻다

2. (1) 인사팀 (2) 재무팀 (3) 영업팀 (4) 연구개발팀

문법 연습1

1. (1) 자요 (2) 전화해요
   (3) (책을) 읽어요 (4) 운동해요

2. (1) 아니요, 짱 씨가 전화해요
   (2) 네, 기태 씨가 씻어요
   (3) 네, 투안 씨가 회의해요
   (4) 아니요, 진수 씨가 일해요

문법 연습2

1. (1) 를　　(2) 을　　(3) 를　　(4) 을
   (5) 을

2. (1) 휴게실에서 콜라를 마셔요
   (2) 도서관에서 책을 빌려요
   (3) 여기에서 한국어를 공부해요
   (4) 식당에서 친구를 만나요

10과

어휘 연습

1. (1) 도착해요　　(2) 가요　　(3) 들어와요　　(4) 다녀요

2. **[보기]**

732	팔만 칠천오백삼십일
(1) 1509	칠백삼십이
(2) 6812	육천팔백십이
(3) 37092	삼만 칠천구십이
(4) 87531	천오백구

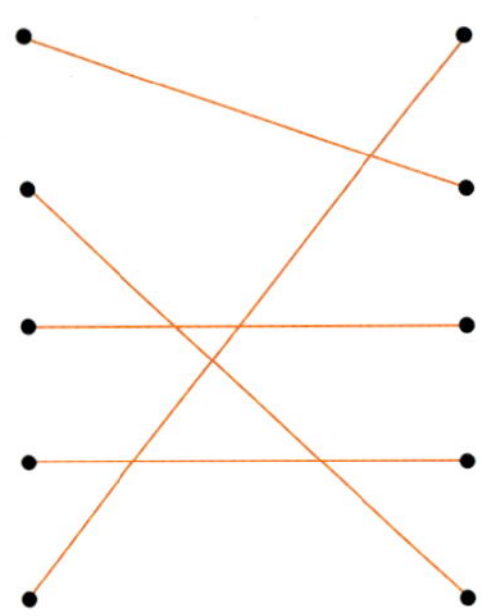

문법 연습1

1. (1) 짱 씨가 회의실에 들어가요
   (2) 기태 씨가 우체국에 가요
   (3) 유미 씨가 회사에 다녀요
   (4) 프엉 씨가 한국에 도착해요

2. (1) 투안 씨가 식당에 들어와요
   (2) 유미 씨가 비품실에 가요
   (3) 프엉 씨가 집에 와요
   (4) 기태 씨가 백화점에 가요

문법 연습2

1. (1) 식당은 지하 1층에 있어요
   (2) 남자 옷은 3층에서 사요
   (3) 책상은 4층에서 사요
   (4) 극장은 5층에 있어요
   (5) 여자 신발은 2층에서 사요

2. **[보기]** 비품실은 몇 호예요?
   (1) 몇 층에 가요?
   (2) 전화번호가 몇 번이에요?
   (3) 식당이 몇 층에 있어요?
   (4) 프엉 씨는 몇 호에서 일해요?

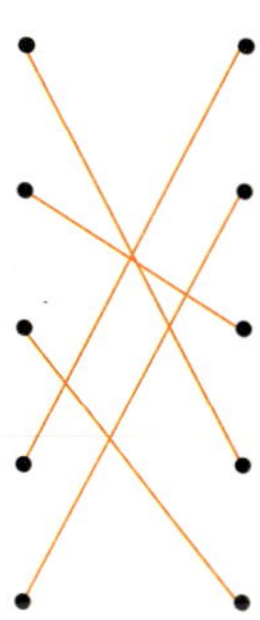

1층에 있어요.
803호에서 일해요.
3층에 가요.
205호예요.
090-123-4567이에요.

11과

어휘 연습

1.

20XX년 10월						
일요일	월요일	화요일	수요일	목요일	금요일	토요일
				1	2	3
4	5	6	7	8	9	10

2. (1) 전에, 요즘, 다음에 : 전에 — 요즘 — 다음에

(2) 최근에, 나중에, 예전에 : 예전에 — 최근에 — 나중에

(3) 지금, 아까, 이따가 : 아까 — 지금 — 이따가

(4) 내년, 작년, 올해 : 작년 — 올해 — 내년

(5) 지난주, 다음 주, 이번 주 : 지난주 — 이번 주 — 다음 주

(6) 어제, 오늘, 그저께, 모레, 내일
: 그저께 — 어제 — 오늘 — 내일 — 모레

문법 연습1

1. (1) 프엉이 회사에 갑니다
(2) 투안이 밥을 먹습니다
(3) 왕유가 물건을 확인합니다
(4) 유미가 음악을 듣습니다

2. (1) 일이 쉽습니다
(2) 비쌉니까
(3) 멉니다
(4) 좋습니다, 큽니다

문법 연습2

1. (1) 과 (2) 과 (3) 와 (4) 와 (5) 과

2. (1) 프엉도 있습니다
   (2) 머리도 아픕니다
   (3) 목요일에 야근을 합니다. 그리고 금요일에도 야근을 합니다
   (4) 비도 옵니다/내립니다
   (5) 친절합니다. 그리고 일도 잘합니다

12과

어휘 연습

1.

1	2	3	4	5
하나	둘	셋	넷	다섯
6	7	8	9	10
여섯	일곱	여덟	아홉	열
11	12	13	14	15
열하나	열둘	열셋	열넷	열다섯
20	30	40	50	60
스물	서른	마흔	쉰	예순
70	80	90	100	101
일흔	여덟	아흔	백	백하나

2.

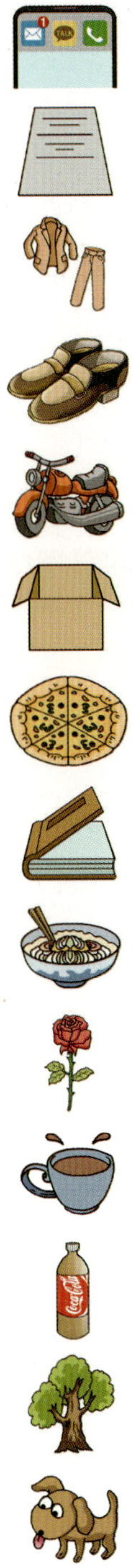

한

잔

송이

병

그루

마리

그릇

장

통

벌

대

켤레

판

상자

권

문법 연습1

1 . (1) 옷가게에서 바지 네 벌을 삽니다
(2) 혼자 피자를 한 판 먹습니다
(3) 우리집에서 강아지를 세 마리 키웁니다
(4) 오늘 이메일을 다섯 통 보냅니다

2. (1) 하루에 커피를 세 잔 마십니다
(2) 구두가 다섯 켤레 있습니다
(3) 청바지가 네 벌 있습니다
(4) 책을 두 권 읽습니다

문법 연습2

1. (1) 가위가 프엉한테 있습니다
(2) 가방이 유미한테 있습니다
(3) 공이 기태한테 있습니다
(4) 휴대폰이 누구한테 있습니까

2. (1) 한 대 / 삼백만 원
(2) 한 잔 / 만오천 동
(3) 한 켤레 / 삼천 원
(4) 열 송이 / 사만 동
(5) 네 판 / 칠십이만 동

13과

어휘 연습

1. [보기]

두 시 십오 분

열한 시 십오 분

열두 시

여섯 시 사십오 분

일곱 시 삼십 분(반)

여덟 시 삼십 분(반)

열 시

다섯 시 십오 분

네 시 사십오 분

2. (1) 매일 저녁 / 저녁마다
   (2) 매년 설날 / 설날마다
   (3) 매주 일요일 / 일요일마다
   (4) 매년 생일 / 생일마다

문법 연습1

1. (1) 열두 시에 밥을 먹어요
   (2) 휴가에 바다에 가요
   (3) 저녁 여섯 시에 버스를 타요
   (4) 일요일에 축구를 해요

2. (1) 6시 30분에 저녁을 먹어요
   (2) 저녁 5시에 퇴근해요
   (3) 오전 7시에 일을 시작해요
   (4) 6월에 여행을 가요

문법 연습2

1. (1) 사원증만
   (2) 책만
   (3) 거래처 직원만 만나요
   (4) 저만 회사에 가요

2. (1) 1층에만 있어요
   (2) 바다에만 가요
   (3) 김 과장님한테만 있어요
   (4) 오늘 오후에만 3번 라인에서 일해요
   (5) 일요일에만 배구를 해요

14과

어휘 연습

1. (1) 책상이 작아요
   (2) 바지가 짧아요
   (3) 바지가 길어요
   (4) 월요일에 사람이 많아요
   (5) 토요일에 사람이 적어요

2. (1) 사무실이 더워요
   (2) 창고가 어두워요
   (3) 가방이 무거워요
   (4) 그림이 아름다워요

문법 연습1

1. (1) 춥지 않아요
   (2) 쓰지 않아요
   (3) 먹지 않아요
   (4) 읽지 않아요
   (5) 걷지 않아요

2. (1) 비가 오지 않아요
   (2) 바쁘지 않아요
   (3) 힘들지 않습니다
   (4) 무겁지 않아요

문법 연습2

1. (1) 안 먹어요 (2) 안 바빠요 (3) 안 추워요 (4) 청소 안 해요

2. (1) 안 어렵습니다 (2) 안 넓습니다 (3) 안 비싸요 (4) 안 조용합니다
   (5) 공부 안 합니다 (6) 전화를 안 해요

15과

어휘 연습

1. (1) 그 후에/그다음에/그러고 나서 (2) 그 후에/그다음에/그러고 나서
   (3) 그 후에/그다음에/그러고 나서 (4) 끝으로/마지막으로

2. (1) 비행기가 빨라요 (2) 부서가 달라요
   (3) 노래를 불러요 (4) 종이를 잘라요
   (5) 버튼을 눌러요 (6) 물이 흘러요

문법 연습1

1. (1) 아까 과장님을 봤어요 (2) 지난 주말에 책을 읽었어요
   (3) 작년에 생산팀에서 일했어요 (4) 어젯밤에 공원을 걸었어요

2. (1) 배구를 했어요 (2) 책을 읽었어요
   (3) 주스를 마셨어요 (4) 음악을 들었어요
   (5) 노래를 불렀어요

문법 연습2

1. (1) 샘플을 찾으러 창고에 갔어요　　(2) 약을 사러 약국에 왔어요
   (3) 생선을 구우러 부엌에 갔어요　　(4) 쉬러 집에 왔어요

2. (1) 옷을 사러 갑니다　　(2) 수영을 하러 가요
   (3) 자재를 확인하러 왔습니다　　(4) 3층에 회의를 하러 갔어요
   (5) 차를 찾으러 왔습니다

16과

어휘 연습

1. **[보기]**

(1)
(2)
(3)
(4)
(5)
(6)
(7)
(8)
(9)

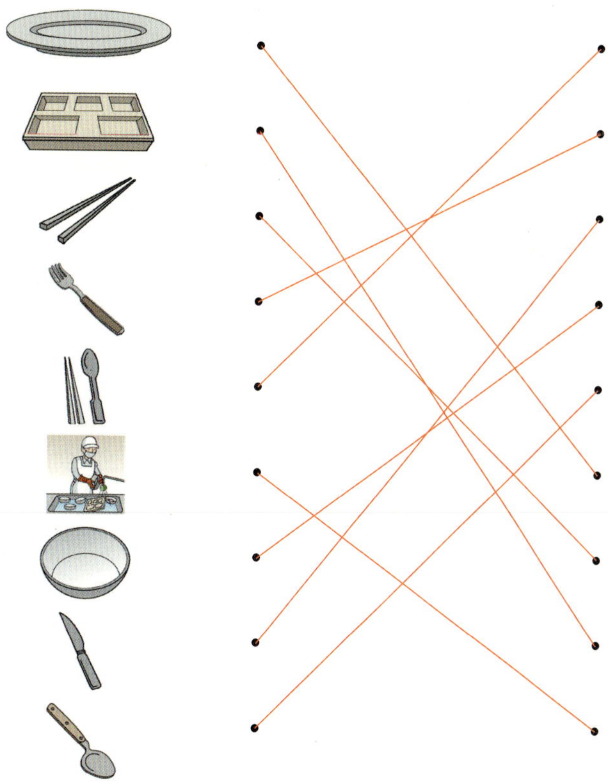

수저
포크
칼
그릇
숟가락
접시
젓가락
식판
설거지

2. 배식구 ⇒ 식권 ⇒ 배식 ⇒ 퇴식구 ⇒ 음수대

배식구에 갑니다.

→

식권을 냅니다.

→

배식을 받습니다.

→

반찬을 담습니다.

밥을 먹습니다.

→

퇴식구에 식판을 반납합니다.

→

음수대에 갑니다. 물을 마십니다.

→

배가 부릅니다.

문법 연습1

1. (1) 열두 시부터 한 시까지
   (2) 한 시부터 세 시까지
   (3) 일곱 시 삼십 분부터 / 일곱 시 반부터
   (4) 십이 월 이십 일부터 일 월 오 일까지예요

2. (1) 열 시간
   (2) 두 시간
   (3) 한 시간
   (4) 네 시간, 네 시간

문법 연습2

1. (1) 저는 부모님한테서 소포를 받았습니다
   (2) 투안은 김 과장님한테서 이야기를 들었습니다
   (3) 투안은 최 주임님한테서 입고 확인서를 받았습니다
   (4) 짱은 선배한테서 엑셀를 배웁니다

2. (1) 오전에 거래처 직원한테서 이메일을 받았습니다
   (2) 매일 한국어 선생님한테서 한국어를 배웁니다
   (3) 크리스마스에 남자 친구한테서 반지를 받았습니다
   (4) 어제 친구한테서 결혼 이야기를 들었습니다

17과

어휘 연습

1. [보기]

(1)		삼계탕
(2)		분짜
(3)		김치찌개
(4)		비빔밥
(5)		짜조
(6)		불고기
(7)		포
(8)		삼겹살

2. (1) 싱거워요
(2) 셔요
(3) 달아요
(4) 써요
(5) 매워요
(6) 담백해요

문법 연습1

1. (1) 무슨 작업을
(2) 무슨 영화를
(3) 무슨 사전이에요
(4) 무슨 과일이

2. (1) 무슨 음악을
(2) 무슨 꽃이에요
(3) 무슨 일을
(4) 무슨 운동이, 무슨 스포츠가

문법 연습2

1. (1) 점심에 김밥하고 라면을 먹어요
(2) 거래처에 투안하고 기태가 갔어요
(3) 마트에서 망고하고 수박을 샀어요
(4) 주말에 회사 동료하고 같이 영화를 봐요

2. (1) 식당에서 기태 씨하고 투안 씨를 만났어요
(2) 이번 휴가에 다낭하고 호이안에 가요
(3) 김밥하고 라면을 시켰어요
(4) 점심을 유미 씨하고 같이 먹었어요

18과

어휘 연습

1. [보기]

(1)

(2)

(3)

(4)

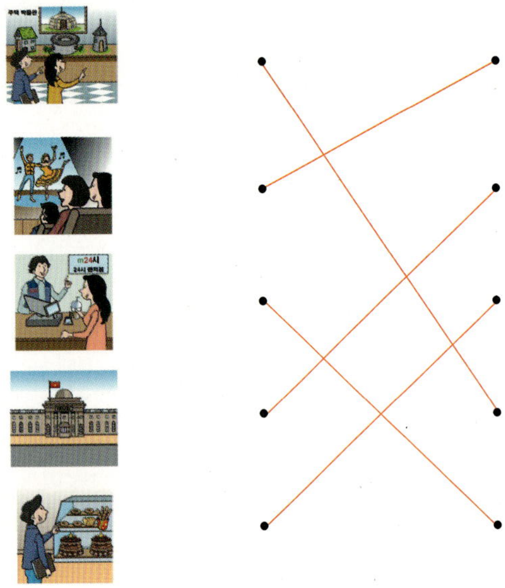

공연장

대사관

제과점

박물관

편의점

2. (1) 요리하기 (2) 피아노 치기
   (3) 스케이트 타기 (4) 자전거 타기

문법 연습1

1. (1) 내일 친구를 만나고 싶어요 (2) 다음 주에 고향에 가고 싶어요
   (3) 주말에 컴퓨터 게임을 하고 싶어요 (4) 내년에 태국을 여행하고 싶어요

2. (1) 커피를 마시고 싶어요 (2) 영화를 보고 싶어요
   (3) 치킨을 먹고 싶어요 (4) 운동을 하고 싶어요
   (5) 여행을 하고 싶어요

문법 연습2

1. (1) 배드민턴을 칠 수 있어요　(2) 쌀국수를 만들 수 있어요
   (3) 한국어 책을 읽을 수 있어요　(4) 다른 나라 말을 할 수 있어요

2. (1) 피아노를 칠 수 없어요　(2) 기타를 칠 수 있어요
   (3) 수영할 수 있어요　(4) 김치를 만들 수 없어요
   (5) 한국 노래를 부를 수 있어요

19과

어휘 연습

1. **[보기]**

[보기]		온천
(1)		놀이공원
(2)		섬
(3)		폭포
(4)		동굴

([보기] — 폭포, (1) — 온천, (2) — 놀이공원, (3) — 섬, (4) — 동굴)

2. (1) 걸어서 가요　(2) 갈아타요
   (3) 내려요　(4) 타요

문법 연습1

1. (1) 이번 주말에 커피숍에서 친구를 만날 거예요
   (2) 다음 달에 한국 식당에서 생일 파티를 할 거예요
   (3) 내일 집에서 책을 읽을 거예요
   (4) 다음 주에 친구 집에서 불고기를 만들 거예요

2. (1) 영화를 볼 거예요
   (2) 쇼핑을 할 거예요 / 옷을 살 거예요
   (3) 쌀국수를 먹을 거예요
   (4) 편지를 쓸 거예요
   (5) 담배를 안 피울 거예요 / 담배를 피우지 않을 거예요 / 금연할 거예요

문법 연습2

1. (1) 내일 콘서트를 보러 갈까요?
   (2) 저녁에 한국어를 공부할까요?
   (3) 같이 음악을 들을까요?
   (4) 지금 창문을 열까요?

2. (1) 일주일 동안 / 7일 동안　(2) 두 시간 동안
   (3) 3일 동안　(4) 네 시간 동안

20과

어휘 연습

1. (1) 전산망
   (2) 개인 정보
   (3) 암호
   (4) 아이디

2. **[보기]**

주차하다

(1) 뛰다

(2) 손을 대다

(3) 촬영하다

(4) 담배를 피우다

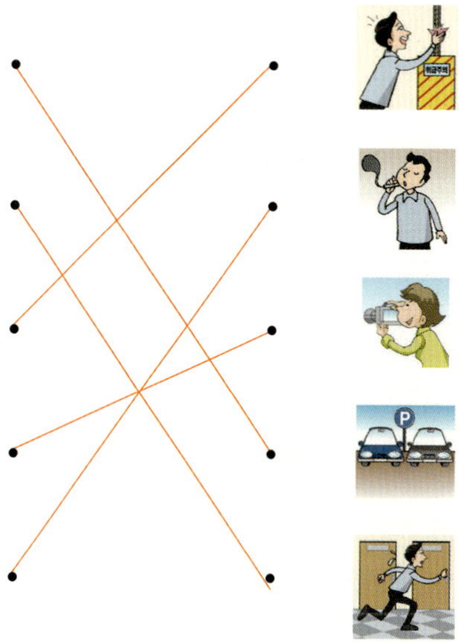

문법 연습1

1. (1) 일찍 오세요
   (2) 책을 읽으세요
   (3) 커피를 주세요
   (4) 한국말을 / 한국말로 하세요
   (5) 작업복을 입으세요

2. (1) 이야기하지 마세요 / 떠들지 마세요
   (2) 사진을 찍지 마세요 / 촬영하지 마세요
   (3) 담배를 피우지 마세요
   (4) 음식을 먹지 마세요

문법 연습2

1. (1) 다니지요　(2) 잘하지요　(3) 맞지요　(4) 맛있지요
   (5) 퇴근했지요

2. (1) 좋아하지요　(2) 2층이지요　(3) 먹었지요　(4) 잘되지요

21과

어휘 연습

1. [보기]  → 공장

   (1)  → 기계

   (2) 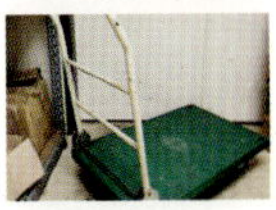 → 손수레

   (3)  → 벨트 컨베이어

   (4)  → 물류 창고

   손수레 / 공장 / 기계 / 물류 창고 / 벨트 컨베이어

2. (1) 들어옵니다　(2) 보관합니다　(3) 운반합니다　(4) 확인합니다
   (5) 포장합니다

문법 연습1

1. (1) 한국어를 잘하네요
   (2) 빵이 맛있네요
   (3) 요즘 바쁘네요
   (4) 사무실이 깨끗하네요
   (5) 어제 많이 걸었네요

2. (1) 춤을 잘 추네요 / 예쁘네요 / 멋있네요
   (2) 크네요
   (3) 귀엽네요
   (4) 잘 먹네요

문법 연습2

1. (1) 재미있을까요
   (2) 마실까요
   (3) 운동했을까요
   (4) 들어올까요

2. (1) 어려울까요
   (2) 어울릴까요
   (3) 어떨까요/추울까요
   (4) 좋을까요

22과

어휘 연습

1. (1) 출장 보고
   (2) 서면 보고
   (3) 보고서
   (4) 일일 보고

2. (1) 선
   (2) 면
   (3) 모서리
   (4) 대각선
   (5) 곡선

문법 연습1

1. (1) 청소 전에 창문을 열어요
   (2) 회의 전에 복사를 했습니다
   (3) 휴가 후에 보고서를 낼 거예요
   (4) 쇼핑 후에 영화를 봤어요
   (5) 결혼식 후에 여행을 갈 거예요
   (6) 출근 전에 책을 읽습니다

문법 연습2

1. (1) 창문을 열어 주세요
   (2) 화면을 봐 주세요
   (3) 춤을 춰 주세요
   (4) 고기를 구워 주세요
   (5) 제 말을 들어 주세요
   (6) 종이를 잘라 주세요

2. (1) 들어 줄까요 / 들어 주세요
   (2) 켜 줄까요 / 불을 켜 주세요
   (3) 도와줄까요 / 도와주세요

23과

어휘 연습

1.

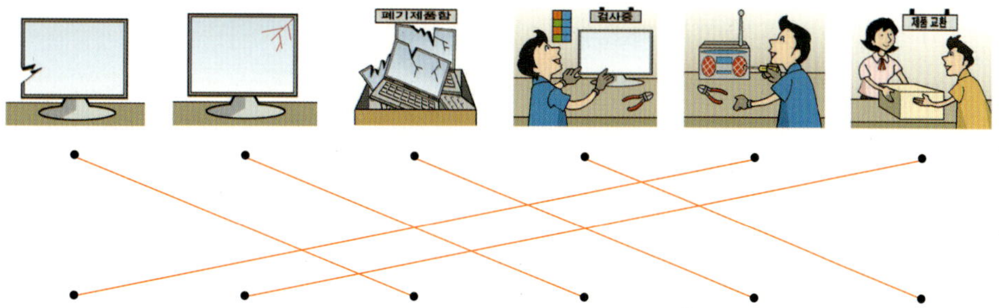

수리　　교환　　파손　　불량품　　폐기　　검사

2. (1) 조사합니다　　(2) 유지했습니다
   (3) 개선이　　(4) 기준이
   (5) 혁신이　　(6) 향상되었습니다

문법 연습1

1. (1) 시클로는 느리지만 택시는 빨라요
   (2) 평일에는 일이 많지만 주말에는 일이 없어요
   (3) 우기에는 비가 많이 오지만 건기에는 비가 오지 않아요
   (4) 저는 오전 근무이지만 동료는 오후 근무입니다
   저는 오전에 근무하지만 동료는 오후에 근무합니다

2. (1) 비싸지만 맛있어요
   (2) 토요일이지만 근무해요
   (3) 점검했지만 문제를 모르겠어요
   (4) 어제 잘 쉬었지만 피곤해요

문법 연습2

1. (1) 불량이 없게 주의하세요
   (2) 바람이 들어오게 창문을 여세요
   (3) 점심을 먹게 같이 나가요 / 같이 나갑시다
   (4) 출발 시간에 안 늦게 택시를 탔어요 / 타세요

2. (1) 덥지 않게 / 시원하게 / 편하게
   (2) 성능이 좋게 / 성능이 우수하게 / 편리하게
   (3) 잘 보이게 / 볼 수 있게
   (4) 실수하지 않게 / 실수가 없게

24과

어휘 연습

1.

정장 깔끔하다 유니폼 단정하다 작업복 착용하다

2. (1) 연장 근무 (2) 근무 조
   (3) 당직입니다 (4) 3교대

문법 연습1

1. (1) 비엣비 식당에서 먹읍시다
   (2) 오후에 합시다
   (3) 내일 점검합시다
   (4) 확인 후에 보냅시다

2. (1) 제품 완성 후에 검수합시다
   (2) 근무 시간에 음식을 먹지 맙시다
   (3) 작업장에서 안전사고에 주의합시다
   (4) 기숙사에서 밤에 빨래를 하지 맙시다

문법 연습2

1. (1) 재고를 확인하겠습니다
   (2) 출장은 제가 가겠습니다
   (3) 다시는 늦지 않겠습니다
   (4) 저는 커피 / 주스를 마시겠습니다

2. (1) 다녀오겠습니다
   (2) 잘 먹겠습니다
   (3) 알겠습니다
   (4) 모르겠습니다

25과

어휘 연습

1. (1) 건강을 위해
   (2) 행복을 위해
   (3) 발전을 위해
   (4) 우리나라를 위해

2. (1) 제의합니다
   (2) 채워 주세요
   (3) 참석해 주세요 / 참석하세요
   (4) 단합

문법 연습1

1. (1) 오늘 월급날이어서 기분이 좋아요
   (2) 요즘 바빠서 잘 못 쉬었어요
   (3) 다음 주에 한국어능력시험이 있어서 공부를 해요
   (4) 점심에 / 점심을 많이 먹어서 배가 불러요

2. (1) 약속이 있어서 (2) 날씨가 더워서
   (3) 함께 일해서 (4) 일하고 싶어서

문법 연습2

1. (1) 점심에 따뜻한 음식을 먹고 싶어요
   (2) 친구한테 / 친구의 기쁜 소식을 들었어요
   (3) 우리 회사에서 / 우리 회사는 많은 직원이 함께 일해요
   (4) 친절한 사람을 만나서 기분이 좋아요

2. (1) 매운 / 짠 / 단 / 담백한 / 고소한 음식을
   (2) 착한 / 성격이 좋은 / 성실한 / 재미있는 사람을
   (3) 조용한 / 시끄러운 / 화려한 곳에
   (4) 슬픈 / 무서운 / 재미있는 영화를

비즈니스
한국어 입문

집필진

김재욱 한국외국어대학교 KFL대학원장

진정란 사이버한국외국어대학교 한국어학부 교수

안정민 한국외국어대학교 KFL대학원 교수

정회란 한국외국어대학교 교양대학 강사

베트남어 번역 및 감수

응우옌 응옥 꿰 한국외국어대학교 외국어연수평가원 주임강사

베트남인을 위한

비즈니스 한국어 입문

초판 인쇄	2019년 7월 25일
초판 발행	2019년 8월 1일

지은이	김재욱 · 진정란 · 안정민 · 정희란
베트남어 번역 및 감수	응우옌 응옥 꿰
발행인	김인철
총괄 · 기획	가정준 Director, University Knowledge Press
편집장	신선호 Executive Knowledge Contents Creator
도서편집	박현정 Contents Creator
전자책편집	인은주 e-Contents Creator
재무관리	강현주 Managing Creator
사전 · 출판	정준희 Contents Creator
마케팅	이현진 Marketing Creator
삽화	손도영
발행처	한국외국어대학교 지식출판콘텐츠원 02450 서울특별시 동대문구 이문로 107 전화 02)2173-2493~7 팩스 02)2173-3363 홈페이지 http://press.hufs.ac.kr 전자우편 press@hufs.ac.kr 출판등록 제6-6호(1969. 4. 30)
디자인 · 편집	(주)이환디앤비 02)2254-4301
인쇄 · 제본	(주)케이프린텍 053)313-3673

ISBN 979-11-5901-460-4 14710 정가 20,000원
ISBN 979-11-5901-447-5 (세트)

HUINE은 한국외국어대학교 지식출판콘텐츠원의 어학도서, 사회과학도서, 지역학 도서 Sub Brand이다. 한국외대의 영문명인 HUFS, 현명한 국제전문가 양성(International+Intelligent)의 의미를 담고 있으며, 휴인(携引)의 뜻인 '이끌다, 끌고 나가다'라는 의미처럼 출판계를 이끄는 리더로서, 혁신의 이미지를 담고 있다.

이 책의 음원(mp3)은 한국외국어대학교 지식출판콘텐츠원 홈페이지 (press.hufs.ac.kr) – 게시판 – 자료실에서 다운받아 사용하시기 바랍니다.